日本の教育の危機はどこにあるか

陰山英男
Hideo Kageyama

出口 汪
Hiroshi Deguchi

水王舎

はじめに

1999年6月、『分数ができない大学生』という本が出版され、日本の学力低下問題が火を噴き、日本の学校教育は大きな批判にさらされました。私は、ゆとり教育といわれる2002年の教育改革に疑問を持ち、発言をしなければならないと思ったのもちょうどその頃です。

兵庫県の田舎でやってきた実践を突破口に、教育研究会での発表やNHK『クローズアップ現代』の放送。そして、『本当の学力をつける本』のベストセラー化と、百ます計算のブーム。その渦中にあって、この日本の教育の危機と、その修正のど真ん中で私は駆け抜けてきたように思います。

出口先生も、大学入試のカリスマ講師として、同じ時期に同じ危機感を感じ、さまざまな発言をされていたのだと思います。

では、日本の教育の危機は、どこにあったのか。私は、出口先生との対談の中で改めて考えてみました。

教育というのは、人類が生み出してきた文化や科学の継承であると同時に、新たな文化や科学の創造でもあります。それは、絶えず緊張感を伴いながらスパイラルを描き、発展してきていたのです。

私が思うに、何よりの問題点は、話をわかりやすくするため、全ての議論を2つの項目から1つを選ぶ、択一的な思考パターンであったように思います。今までの時代はこうであったが、これからの時代はこのように変わるとか、一般的にはこの部分は大切にされているが、本当はこちらが重要だというように、一方の肯定のために一方を否定する流れがここ近年目立っていました。

しかし、教育は本来矛盾するものから、いかに統一的な新しい価値を生み出すかということです。

新しいものは、古いものの良さを受け継ぎつつ、それまでのものでは解決できないことを新しい知識や知恵で改めていく。この矛盾したものの統一こそ本質であったにも関わらず、一方で大切なものを否定してしまうことが、むしろその一方の重要性すらもないがしろにしてしまったところに大きな問題点があったと思います。

教育は、あくまで個人の主体的な意識によってなされるのは当然のことです。しかし、それを進めていくためには、例えば、読み書き計算のような基礎教育が高度に確立されてこそ可能になります。そして高度な基礎教育は、ある一定の構造の上に成り立っているので、個人の好みや考えによって選んで学習されるのではありません。

こうした流れの中、基礎基本の内容を軽く見るところから、本当の意味での主体的学習とは一体何なのかということが見誤られていったのではないかと私は思っています。

ただ、この10年の教育の危機は、文部科学省みずから学校に出向き、その問題点を探る。あるいは、私のように現場にいた人間であったとしてみても、必要とあれば積極的にその意見を取り入れるなど、何が重要かについて本質的な議論が進んだ月日でもあったように思います。

ただ、残された課題も多く、とりわけ、大学入試と大学教育、また教育のグローバル化は、より大きな変革を求められているものです。

こうした日本の教育の今について、出口先生と対談させてもらったことは私にとって大きな学びであり、大変刺激的な経験でもありました。多くの方々に、この対談を読んでいただきながら、これからの教育について大きな力を与えていただくことを願っています。

陰山英男

日本の教育の危機はどこにあるか◆目次

第2章　出口汪が見てきた教育現場

第3章　従来の常識が通用しない新時代の教育

第4章　日本の教育はどこで間違ったのか

第5章　2020年、大学入試改革の行く末

第6章 グローバル社会の中で親や教師はどうあるべきか

第7章　国語教育を考える

第1章 陰山英男が見てきた教育現場

原点は校内暴力、学級崩壊

出口　最初に陰山先生の教育者としての出発点をお聞きしたいのですが。

陰山　私が教員になったのは1981年（昭和56年）だったのですが、ちょうど校内暴力が激しかった頃で、しかも校内暴力が最も激しい学校に赴任しました。

出口　そうですか。僕が初めて教壇に立ったのも、まったく同じ時期です。僕は最初は兵庫県の私立の男子校で、あまりレベルが高いとは言えない学校でした。例えば、理科の先生に聞いたのですが、「6×10の23乗個÷2」と言ったら一斉にシーンとなって、ほぼ全員がゼロを23個書いて、÷2をやるという。僕が国語で当てたら、漢字は全部飛ばして読む子とか、当時はかなりレベルが低かったですね。

陰山　そうですか。僕の場合には勉強よりも生活指導のほうが大変でした。当時、公立中学校は荒れており、僕のいた小学校から生徒を送りだす中学校というのが状況が悪く、そんな中学校に我が子を送るわけにはいかないので、いわゆる中学入試というものが爆発的に広がっていった時期なのです。

奇しくも昭和56年の大晦日に、某塾が子どもたちを集めて、元旦まで寝かせないで勉強させたのです。

出口 よくテレビのニュースでやっていましたね。僕も見た記憶があります。

陰山 あれが僕の記憶が確かなら、昭和56年が最初です。その某塾の方針として「学校の先生の言うことは聞くな」というのがあって、学級に3〜4人、その塾に行っている子どもがいると必ず学級崩壊すると言われていました。私のクラスには5人いたのです。それで、自分の力のなさというのを思い知ることになりました。

ところが、非常に尊敬していた同じ学年の先生が我が子をその塾に送って、中学校からは遠くの私立に入れたのです。それを聞いて「えっ」と驚きました。尊敬している先生がこんなことをするんだと思って、そうしたら俺も10何年かしたらまったく同じことをするんだなと思って、それがいやで田舎に帰るという決断をしたのです。撤退です。それが僕の原点になっています。

基礎の徹底で子どもが驚くほど変わる姿を見た

その時に、何人も塾に通っている子を見ましたが、本当の賢さは感じなかったのです。難しい問題は解くのに簡単な問題で間違えるのですね。誤答の中に理屈が存在しない。それは何なんだろうと思っていたのですが、なにせ新任だからわけがわからなくてとりあえずは逃げ出したわけですが、ずっとそのことが頭の中にあって、それから10年くらい経った時に、今「天空の城」ということで有名になった竹田城がある兵庫県の朝来町（現朝来市）の山口小学校に赴任したのです。

そこでは学校や地域の事情があって、学力を高めてほしいとお願いされました。当時、ゆとり教育に日本全国が走る中で、地域の事情もあったのですが

「学力をつけてくれ」というのは非常に珍しい提起で、それは僕自身がずっと抱えていた「本当の学力とは何ぞや」みたいなものに挑戦するとても良いきっかけになりました。

それより少し前に岸本裕史先生に出会って、「百ます計算*」とはいかなるものかということを考える中で、本格的にこの実践をそこで試してみようと思ったのです。最初に赴任した時には3年生を持ちました。普通はだいたい2年担任したら終わりなのですが、校内のいろいろな事情があって4年連続で担任することになったのです。これが僕の教師人生を変えてしまいました。

百ます計算とか漢字の書き取りなど基礎を徹底することによって、こちらが決められたことを全部教えてしまっても、なおかつ子どもたちの側には余力があるという変化が起きてきました。とにかくどんなに難しい問題を出しても解いてしまうのです。まるでこちらの指導力のなさを嘲るように。

これはいったいどういうことだろうと思って、4年経って子どもたちが小学校を卒業する時に、過去の全部のデータをもう一度調べてみたのです。その時に驚いたのが、彼らの知能指数が劇的に上がっていたことです。脳みそは生まれつきあるいは環境的に決まっていて、そのキャパシティの中でどの順番で知識を入れていったらよいのか、というのがそれまでの教育実践だったのです。ところが、脳そのものが変わってしまっているじゃないか、つまり脳のキャパシティが広がっていることに気がついたのです。

では、今までやってきたことの中で、いったい何が子どもたちの知能指数を劇的に向上させることになっていったのか。やっぱり計算とか漢字という基礎を徹底するということと、それから早寝早起き・朝ごはんという生活習慣を整えること。この二つに行きあたったのです。脳そのものを健全にし、そして徹底的に鍛え上げるという、ほとんど体育会系のノリを子どもたちに提起することによってそれが可能になるということが見えてきた。それが山口小学校時代のある種の結論です。

それから尾道市の土堂小学校に校長という立場で行きました。それで全校一斉にシステム化しました。そうすることによって、新任の先生でもベテランの先生でも一貫して一つのことをやることによって、6年間一貫の記憶システムができたのです。尾道では、高度なことをより楽に、また地域を巻き込む形でできるということを実証しました。立命館小学校に副校長として行ってからは、ICT*（情報通信技術を活用した教育）とか英語とかいう土台にどう横に広げるかということをやっていたわけですが、同時にいろいろな地域に出かけて行って、それがいま福岡県や岡山県などでよい形になってきたというのが現在です。

百ます計算
縦10×横10のますの左と上にそれぞれ0から9の数字をランダムに並べそれぞれ交差するところに指定された計算方法（加法、減法、乗法、除法など）の答えを記入する計算トレーニング。岸本裕史が始め、その後陰山英男が授業で活用し基礎学力向上に成果を見せたことにより、陰山メソッドとして話題となる。徹底して反復することにより計算力の向上を目指す。

また単なる計算練習にとどまらず、その効果は、脳の前頭前野を活性化させるところにあり、他の教科の成績向上にも影響するといわれている。

ＩＣＴ（情報通信技術を活用した）教育

Information and Communication Technology（＝情報通信技術）の略。ＩＴの概念をさらに進め、情報技術に通信コミュニケーションの重要性を加味した言葉。

ＩＣＴ教育とは、教育の一環としてＩＣＴを取り入れた教育、または、ＩＣＴを駆使した教育のことを指す。具体的には、電子黒板やノートパソコン、タブレット型端末などを用いた教育を指すことが多い。生徒の主体的な学習活動への参加や、学習意欲、思考力、判断力などの向上に繋がることが期待されている。

ゆとり教育という勘違い

陰山 80年代から90年代にかけて、文科省（当時文部省）や学校の最大の悩みというのは不登校と校内暴力でした。その時に、過度な学習圧力や入試の圧力が子どもたちを歪めているのだということが言われて、一斉画一の教育を改めなければいけない、個性を尊重しなければいけないということで、ゆとり教育*が始まったわけですね。

実は1980年代の細川政権の時に、子どもたちに対する生徒指導的な圧力、校則を緩やかにしたりして、不登校の上昇率が少し鈍ったのです。それで、これはやっぱり子どもたちに対する圧力がいけないんだろうというふうに変な誤解をしてしまったのです。それで次のゆとり教育では、もっとラジカルに、本当に最低限のことをやったらいいいんだと。それが実は最低限以下のことになってしまったわけで、それをやろうとしたら、逆に不登校が増え始めたのです。

そのことに気づかずに、２００2年の指導要領でさらに強力な帯分数の計算も教えない、円周率は3で計算させておけばいいというおかしな話になり、僕や仲間の教育者たちが「ちょっと待った」と声を上げたのです。

だから文科省の一番の悩みは、子どもたちの問題行動であり、学力ではなかった。その当時は、学力論としては学校を見ていなかったのです。世の中もそうだった。１９８０年代というのは、子どもたちに「勉強、勉強」と言うのはいかがなものかと、今となってはバカげた話ですが、当時はそんな風潮がありました。

出口　確かにそうでしたね。

陰山　当時は、世の中も文科省も関心のありどころがちょっとずれていたし、分析も間違っていたということです。僕から見れば、校内暴力や不登校など子どもたちが崩れる原因は生活習慣の乱れにありました。しかし、そこのところには一切触れずに、それは学習のせいだということになっていたわけです。それまでも厳しいことをやっていて別に問題はなかったわけだから、それを不登校の率が上がってきたのは勉強のせいだというのは、おかしな話です。

出口　学力低下が顕著になって、ゆとり教育の批判が言われ始めてきて、文科省はゆとり教育の看板はあげながら実質的には学習内容を増やしてきましたよね。

陰山　そうですね。そして、１９９９年、ちょうど20世紀が終わるという時に、「ゆとりでいいんじゃない」という流れが完全に世の中を制圧したように僕には見えたのですが、突如、それに反旗を翻すように1冊の本が世の中の話題になり始めた。それが『分数ができない大学生』です。

ゆとり教育

２００２年度から施行された「学習指導要領」によって主導された教育課程全般を指す。「教育内容の3割削減」、「週5日制の完全実施」、「総合的学習の時間の新設」の3つが柱となった。１９９６年に出された中央教育審議会の答申「21世紀を展望した我が国の教育の在り方について」において、「子どもに［生きる力］と［ゆとり］を」と謳っている為に、この答申を受けて作成された教育課程を「ゆとり教育」というようになった。「内容削減」と選択教科の拡大による「個性化」路線をとったゆとり教育は、「学力を低下させる文部科学省の新方針」と受け止められ、ＯＥＣＤが進めているＰＩＳＡ（Programme for International Student Assessment）と呼ばれる国際的な学習到達度に関する調査の結果発表で批判が高まった。

テレビに取り上げられてブレイクした「百ます計算」

１９９９年６月に『分数ができない大学生』*が出るのですが、その年の３月に山口小学校で４年連続で担任した子どもたちが大学入試に臨みました。すると浪人生も含まれるのですが、最終的には50人のうち５人が国公立の医学部に行って、阪大の理学部、北大の農学部、兵庫県立大学、奈良商科大というようなことで、国公立の大学に行っているのが10人でした。そしてそのうち半分が医学部です。それこそ山と田んぼしかないところで、親も4年制大学を卒業した人がそんなに多いわけでもない子どもたちがそんな結果を残したのです。

僕は2000年1月に『分数のできない大学生』を読んで我が意を得たりと思って、このまま行くと公教育は崩壊するよというメッセージを出さなければいけないと思ったのです。しかし兵庫県の田舎にいて、それをどこに訴えればよいのかと。普通の公立小学校の先生ですからね。

それでいろいろ考えたのですが、とりあえず全国紙に書ける新聞記者に注目してもらうしかないだろうと。どこに行ったらそういう人がいるのかということで、思いついたのが組合の全国教研です。地域ではすぐに代表にしてもらえたのですが、県はけっこうハードルが高かったのです。当時はアンチゆとり教育などと言うと、「気は確かか」という感じですから、そこは友達と策を弄して「いいじゃないか、いいじゃないか」と支援してもらって、全国の教研大会に出て行ったのです。

それは山口県の温泉でやったのですが、予定どおりというか予想どおりというか大バッシングを食らいました。そうしたら朝日新聞の方がそれを見に来られていて、ちょっと取材させてくださいと言われました。大会は1月にあって、2月に取材に来られて、記事が出たのは3月末なのです。後で聞いたら、出すべきか出さざるべきかで相当にもめたらしいです。

でも、出そうということになって、その記事を見た人たちが後で一斉に僕をサポートしてくれることになるわけですが、その中で一人、NHKの木村さんという「クローズアップ現代」担当の記者に注目していただいて、その年の10月30日の「クローズアップ現代」で放送してもらったのです。それまでは、僕が10人に自分の実践を発表したら、10人から批判されたのです。人間恐怖症になるくらい、ものすごく口汚くののしられもしたのです。NHKの放送が終わりました。しかしそれで家の電話が鳴るわけでもなく、「こんなものか」と思って翌日学校に行ったらとんでもないことになっていました。電話は鳴りっぱなしで教頭先生が「仕事にならん！」と悲鳴をあげていました。

出口　どういう電話だったのですか。

陰山　すばらしいという内容でした。10月30日までは10人いたら10人に批判されて、その翌日から10人いたら10人にほめられるのです。「何じゃ、こりゃ」と。

出口　マスコミの影響は大きいですね。どんな番組だったのですか。

陰山　僕だけを出してしまうとカリスマづくりみたいになってしまうので、メインは私の一番親しい先生の学級を取材してもらったのです。授業はだいたい見てもらって。その時に子どもたちが百ます計算をやっているのが映って、それが衝撃だったのでしょうね。「あの計算は何だ」みたいな。

出口　あの光景はけっこう絵になりますからね。それが全国に広まった最初なのですか。

陰山　そうですね。百ます計算自体は、その10年20年前から研究されていたのですが、あれは落ちこぼれ対策として提起されていたのです。でも、計算が苦手な子にいきなり100ますの計算をやらせるというのは、めちゃくちゃにハードルが高いですよね。それで思うように広がらなかったのです。

それで僕のほうで、いつでもどこでも誰でも使えるような形に、使い方を変えていったのです。具体的に言えば、まったく同じものを繰り返すという形なのですが、それがうまくいって、あとは怒涛の勢いで広がっていきました。

『分数ができない大学生』

1996年6月に東洋経済新報社より発行された書籍。編者は、岡部恒治、西村和雄、戸瀬信之の3人の大学教授。「「ゆとり教育」に警鐘を鳴らし、学力低下論争の口火を切った話題の書。その後の教育論議に大きな影響を及ぼし、「ゆとり」是正の先鞭をつけることとなった。」（ちくま文庫版の書籍紹介より）

基礎力を「徹底反復」することで身体化する

陰山　ゆとり教育はちょっとまずいんじゃないのと思っている人は実は文科省の中

にも何人かいたようです。官僚というのは基本的にいろいろなことを思っていても、中教審がありますから、全体的な仕切りというのは学者グループがするわけです。

文科省の役人だって、自分たち自身が必死になって勉強してきた人たちばかりですから、「おかしいんじゃないか」と思う人はいたわけですよ。これも後でわかったのですが、NHKの木村さんがアンチゆとり教育の番組を流しますということで文科省に事前に挨拶に行ったそうです。そうしたら、ゆとり教育に疑問を感じている人がたまたまそれを受ける形になって、「どうぞ」と言われたそうです。

出口　山口小学校では、その後も連続して成果があがっているわけですか。

陰山　ずっとあがっています。

出口　そのやり方自体に効果があったということですよね。

陰山　そうです。

出口　その背景はどういうふうに分析されていますか。

陰山　やっぱり基礎的なことを徹底するということ。漢字や計算は日本全国でやっているわけですよ。ただし、徹底してやっているところは少ない。百ます計算自体は、多少勉強が苦手な子でも3分あればできますよね。同じ百ます計算を3分でできるのか、1分でできるのかで違うのです。つまり徹底という原理を導入してみた。ぎりぎりのところまで子どもたちを鍛え切った、そこが大きな違いだったのです。

出口　それに関して僕自身は、「論理」を中心にやっているのですが、僕が一貫してやっているのは言葉というのは習熟しないとだめだ、身体化しなければ使い物にならないということです。

陰山　僕もまったくそう思います。

出口　漢字というのは日本の言葉、計算だったら算数の言葉ですよね。それを身体化するということができていないと伸びないと思っているのです。

陰山　本当にそう思いますよ。

出口　そういう意味での徹底反復というのは非常に意義があると思っているのです。

それをイコール暗記中心というふうに捉えてしまうと、また違ってしまうかなという気がするのです。

陰山　暗記そのものが悪いのではなくて、暗記する内容、暗記のさせ方、そこのところじゃないですかね。知識というものは活用して初めて意味があるわけじゃないですか。だから、例えば論理なら論理という読解の手法を「知っている」レベルということでは使えないですよね。要するにそれをトレーニングで徹底的に繰り返すことによって「使える」レベルになって、それも意識せずに無意識のうちに使ってしまうところまで習熟させてしまうということですよね。

覚えるべきことを覚え、考えさせることは考えさせる

出口　記憶と暗記というのはすごく大事なテーマになってくると思うのですが、なぜかというと、実際にこれからの教育というのは、覚えなくても必要なことは

全部検索すればおしまいという時代になってきていますよね。ですから、細かい知識というのは基本的には要らなくなってしまっている。その部分と、必要なことを子どものうちから徹底反復して習熟して身体化するということは区別しないと、そこでまた誤解が生じるような気がするのです。

陰山　本当にそう思いますよ。例えば今ＡＩのコンピュータ技術によって、プロの囲碁の棋士に勝ったと騒がれていますが、コンピュータというのは記憶しかできません。ＡＩと言ってみても、あれは記憶の仕方をソフトウェア化しただけであって、コンピュータ自体には基本的にはインプットしかなくて、創造性があるわけではない。

ただ、今までとどこが違うのかといったら、アウトプットがめちゃくちゃ速いということでしょう。日本の暗記に対する考え方の大きな錯覚というのは、暗記はインプットばかりなのです。でも、暗記しているからアウトプットができるわけじゃないですか。いわゆる生半可な知識というのは、アウトプットができない。恐らく身体化されているというのは、アウトプットできるところまで鍛えられているということです。

出口　そうですね。オートマチックという言葉をよく使っているのですが、中途半端なものは記憶しなくてよい。調べればよいから。だけど、必要なものは身体化しなければいけなくて、それは使いこなして初めて身につけるものなんです。使いこなすまでに徹底的にやらなければだめなんです。特に幼児～小学校の頃に必要な学習は、一生必要になってくることなので、そこは徹底的にやらないと、後になっても伸びてこないんです。

ただ、それを中学受験などでどうでもいい知識まで一緒になって全部を暗記させようとするから、それは違うんじゃないかなという気がするのですね。

陰山　覚えるべきことを覚え、考えさせることは考えさせる。それを全部ごちゃ混ぜにしちゃっているから、考えればよいことまで覚えさせてしまって、覚えさせればよいことを考えさせたり、その辺の知識の軽重とか、何が幹で何が枝葉なのかというところが全然区別できていない。それで「覚えるのはだめだ」とか、逆に「何が何でも全部暗記だ」とか、むちゃくちゃで乱暴な議論になってしまう。日本人は何でも画一的に、そういうふうにもっていくでしょう。「暗記ですか、思考力ですか」みたいに。でも本当はどっちも大切だろうと。

出口 そうですよね。僕も論理と言うと「知識、記憶も大切でしょう」と批判されます。たぶん先生の百ます計算は逆の形で「考える力も必要でしょう」と批判されるのですね。

陰山 そうそう。

出口 でも、先生は考える力が要らないなんて一言も言っていないわけだし、僕も記憶や知識が要らないとは一言も言っていない。

陰山 まったくそのとおりです。

出口 その辺でステレオタイプの発想になってしまっているのですよね。

陰山 学習のアプローチの仕方はいろいろあるだろうと思うのです。そうした中で、どんな学習にも応用できる原則みたいなものが基礎・基本と言われるものです。僕らは漢字とか計算というものを、昔から日本の学校教育は大切にしてきましたから一つの中心に据えてはいますが、他にも大事な基礎はいっぱいあるし、その辺は優先順位を付けてやっていけば良いことだと思うのです。

第2章 出口汪が見てきた教育現場

今だから明かせる予備校戦争

出口　僕が最初に教壇に立ったのはレベルの低い男子校で、次が逆にレベルの高い女子校なのですが、当時は中学校が荒れ狂っていて、女の先生はスカートをはけない。女子校なのに、若い女の先生が教壇に立てないようにスカートを脱がされてしまうことがある。まずは生徒を椅子に座らせることが大変だという状況です。

陰山　それは私立ですか。

出口　私立です。名門のお嬢さん学校だったのですが、すごかったです。高校の方は幸いまだ落ち着いていたのですが、同僚の女性教師はたまたま中学のほうに行ったのですが、毎日泣かされていました。

そこから僕は大手予備校に引っ張られたのです。塾はある意味ではゆとり教育とは逆のことをやりますよね。ゆとり教育というのは、勉強は予備校でやれということですから。逆に、塾や予備校などがもてはやされている時代でした。特に、僕が入ったのは全盛期の代ゼミで、初めて大阪に出るということで1万人収容の校舎をつくったのです。実際に初年度に1万人集めてしまったのですね。

陰山　すごいですね。場所はどこですか。

出口　江坂です。今はもう廃校になりましたが。その当時は、講師というのは全部、引き抜きだったのです。前もって調査をして、地元の予備校でナンバーワンの先生を倍のお金で引き抜くのです。今でも覚えているのですが、僕は地元の予備校で教頭をやっていたのです。校長先生は名前だけの先生でほとんど来ていなくて、教頭の僕が全権を握っていました。

その頃、90分1コマは一番高くて1万円だったかな。代ゼミが来た時には、最低価格が1万8000円でした。ほぼ倍です。しかも、人気が出たら年3回は上げてくれる。僕の場合は、1年間で1コマ3万円になりました。地元の塾でトップでいるより、代ゼミの最低価格が倍なのでみんな引き抜かれますよね。

すごい先生を集めるだけでなく、同時に地元の人気の先生を引き抜くのですから、二重の効果があったわけです。

陰山　なるほど。

出口　当時は代々木本校というのがトップで、あとは地方なのですが、地方の中でもランクがあって、大阪よりも名古屋が上だったのです。名古屋のほうが先にできていたから。大阪の1年目には地元の先生を引き抜いて、その上に名古屋のトップの先生を置くわけです。さらに、東京で受験参考書を出したりラジオ講座をやっている先生をスーパースターとして送り込む。そういうふうに当時の代ゼミにはヒエラルキーが明確にありました。

僕などが教壇に立っても、生徒は東京の有名な先生の授業を受けられるということで来ているから、最初から「あっ、がっかりだ」という感じですよね。一番収容人数が少ないのが200人教室で、大きくなると大阪では450人、東京では650人のクラスがありました。それが満杯の中で、いきなり授業をするのです。

代ゼミに入ってきた高校生は、本来は決められた授業を受けるわけです。だけど、基本的にはもぐりと言って、よその授業を受けに行っても職員は一切とがめない。他の予備校の生徒が入ってくると追い出されるのですが、代ゼミ生がもぐっても、見て見ぬふりでした。例えば私立だったら、関関同立クラスというのはレベル1からレベル8まで8クラスあるのです。

そうすると受講生は、最初の1週間はおとなしく決められたクラスで授業を聞いているのですが、生徒同士で情報交換をしますから、時間割を見て有名な先生はここにいるとか、そういうことで、1週間後には生徒がごそっと替わっているのです。他の講師たちと集まって話していると、「生徒が減っていた」という話ばかり。

陰山　シビアですね。

出口　当然、生徒がどんどん減っていく講義が出てきます。たまたま講師室で同じテーブルに坐った講師ですが、最初は250人いたのに、「今日行ったら生徒の数を数えることができた」と。やがて「教室に行くのが怖い」と言いだしたのですが、5月の連休明けくらいにはついに生徒がゼロになったのです。コントロール室みたいなものがあって、職員が絶えず全教室をモニターで見ているわけですね。ですから、生徒がゼロになっても授業はし続けないといけないのです。本当に厳しい世界でした。

陰山　すごい世界ですね。

出口　成果を出せなかった先生は翌年、クビになってしまって、また他の予備校から新しいトップを引き抜いてくる。翌年残れても、今度は東京から来た先生にぶつけられるのです。どちらの講習会が先に締め切るかとか。そういった過酷な競争に勝ち抜いて、やがて僕は大阪の講師の中で最初に代々木本校に呼ばれて、東京の一段レベルが高いところで勝つか負けるかという競争をまた強いられるのです。

予備校講師同士のモラルなき戦い

出口　そういった中で、「これが教育と言えるのかな」と思うことはたくさんありました。講師はいかに生徒を自分のところに集めるかに腐心します。でも、全体の生徒数は変わらないわけですから、自分のところに集めるということは、他の講師の教室では生徒が減るということですよね。生き残れば給料は上がっていきますから、目の前に札束がちらついているようなものですよね。その頃、地元の予備校でトップなら90分1万円くらいだったものが、東京に行ったら10万20万の人気講師がいるということも聞かされていました。

そういう中で僕が見てきたのは、生徒を集めるためにモラルを捨ててしまう講師がいたことです。一番簡単な生徒の集め方は、僕は「悪魔のささやき」と言っているのですが、受験生の欲望を取り込んで魂を奪ってしまうやり方です。受験生の欲望というのは、いかに楽をして成績を上げるかです。「これだけやれば大丈夫」とか「特別のテクニックを教えてやろう」とか「試験は6割取ればいいので、難しいところは捨てろ。出るところだけをやれ。それを教えてやる」とささやくのです。

そういうことを自信満々で言うのですが、実はそう単純なものではない。物事は全部、絡み合っているから。そういった講師は必ず同時に「よその授業は受けるな。俺だけを信じろ」みたいなことを言いだす。「よその先生はできる子のために授業をやっている。おまえらはお客さんになっているだけだ」と言い始めるのです。力のない講師はそういうことを言って、あとはパフォーマンスで集めていく。

陰山 そういう講師も多いでしょうね。

出口 おもしろかったのは、東大クラスを教えている時に、そういう講師が東大クラスを受け持ったのです。「あの先生に東大クラスが教えられるのかな」と思って生徒に聞いてみたら、1回の授業で生徒はいなくなったそうです。ところが、次の時にはクラスは立ち見が出るほど人気になっているのです。なぜだろうと思ったら、その講師は成績が下の子どもたちに「俺が許可するからみんな東大クラスに潜り込め」と言って満杯にしていたわけです。

そういったことも数多くあって、これは教育じゃないなと思ったことはありました。もちろん、一生懸命に教えている講師もたくさんいましたが。僕は敢えて逆のやり方をしました。考える力や論理力をつけようということを徹底してやったのです。そうすると、そういう先生たちからはすごく嫌われるのです。一斉に悪口を言われてしまって。

陰山　確かに、実力をつけると同業者にやられますよね。どこの業界も似たり寄ったりだと思います。

出口　やがて東京に行ってラジオ講座とか衛星放送をやるようになったのですが、東京での講師同士の足の引っ張り合いはもっとすごかった。例えば人気のある講師を落とそうとして、嘘の手紙を書くのです。「あの先生があなたの悪口を言っていました」みたいな生徒の告白を装って、お互いに悪口を言わせてどちらもだめにするとか、そういうことを平然とやっている人がいましたね。それが生徒には「カリスマ先生」とか言われて神様のように思われている講師で。

陰山 あきれますね。

代ゼミがダメになって東進が伸びた理由

出口 僕は、衛星放送が学校や自宅で見られるようになったことが失敗だったと思います。

陰山 そうなのですか。

出口 というのは、教室の中ではその講師のことを好きな生徒が集まっていますから、劇場型のパフォーマンスをやればワッと盛り上がるのですが、衛星放送を家庭や学校で見るということになると、親や先生も一緒に見るわけです。そういう人たちが見ても盛り上がりようがなくて、「なんだ、これは」ということになっていきます。それで評判が悪くなってしまいました。

陰山　最盛期には、東進が一人勝ちだったのではないですか。

出口　そうですね。しかし、僕が移籍した時は代ゼミの最盛期でした。その当時、代ゼミでは優秀な生徒を特待生という形でただで入れていたのです。その子たちは授業にはめったに出ない。模擬テストだけ受けるとか、夏期講習で好きな先生だけを受けるとかで、普段の授業は受けないのです。

では東大クラスに来る子どもたちは誰なのかというと、お金を払う勉強できない子たちなのです。東大に行きたいけれど、絶対に無理という子どもたち。予備校がアピールする実績は、授業に実際に行ったことのない子たちの実績なのです。そういうからくりになっていたわけです。それでも、熱心な講師は東大に合格させるためのレベルの講義をしますよね。そうすると、生徒のアンケートで「わからない」という回答ばかりになるわけです。逆に、できない子を相手にしてレベルの低い授業をやっていると、アンケートの結果はよくなる。だけど、東大は誰も通らない。

結局、その先生の授業を受けたから東大に受かったのか、それとも受からなかったのかというのは、生徒たちにはわからない。だって、特待生が実績をあげているわけだから。それでも予備校のほうでは、「この先生が東大合格の神様」と打ち出すわけです。やがて本当に東大を受けさせることのできる先生は、講師料も高いからやめさせられてしまう。それで、力のない安い講師をどんどんスターにつくりあげていく。予備校の幹部職員は当時平然と、「スターは自分たちがつくるもの」と言っていましたから。

陰山 ひどい話ですね。

出口 そういうことも見てきました。もちろん、すべてというわけではなくて、本当に良い講師もいるし、誠実な職員もいるのですが、そういう裏を見てしまうと、今はよくても先は厳しいんじゃないかなと思いましたよね。

陰山 東進はなぜ成功しているのですか。

出口 先見の明があったのですね。子どもの数はだんだん減っていきますよね。ということは、基本的に浪人生というのはいなくなるわけです。今もそうですが、いま敢えて浪人するのは、どうしても東大に行きたいという子どもだけです。

そういう子どもたちを、大手の予備校は特待生にして、無料で受けさせます。子どもたちがあふれている時代には、都会に大きな校舎を作って、地方から浪人生を集めれば経営は成り立ったので。ところが少子化になると浪人生は激減し、どうしても現役生が中心になりますよね。現役生というのは、家と学校と駅の周辺しか行動できない。ということは、予備校ではなくて近所の塾に行くしかない。ところが、地方には大学受験を教えてくれるような良い講師が少ない。特に、東大や京大を出たような講師はまずいません。そこで、地元の塾を加盟校にして、そこに衛星で東京の有名講師の映像を流していくという方式を考え出したわけです。それが時代に合ったのです。

陰山　なるほど、よくわかりました。

出口　衛星で見ることになると、劇場型のパフォーマンスをする授業は受けないのです。

陰山　ということは、代ゼミの映像授業と東進の映像授業は質的に全然違うということですね。

出口　そうですね。最初は東進も代ゼミの亜流であまりよくなかったのですが、実力派の講師を引き抜いて徐々に講義の質を高めていきました。

陰山　講義のクオリティを高めるように努力をされたということですね。

出口　そうです。僕が入ったあたりからはだいぶよくなってきて、それがうまくいった理由の一つだと思います。

陰山　良い先生の授業のみを配信するように変えていったということですね。

出口　そうですね。

陰山　地方向けというところが一つのポイントですね。

出口　代ゼミのやり方というのは、代ゼミが地方に出て他の予備校を潰して生き残ろうというやり方でした。それに対して東進は、中央の予備校と地方の塾が一緒になってやっていこうというところが違いますよね。塾は小中学生は良いけれど、高校生には教えられない。だったら、小中学生向けはそのままで、衛星を入れることによって高校生も教えられるようにしようと。それは塾も喜びますよね。

実際、沖縄でも北海道の北見でも東京と同じ授業を受けられるから、早稲田には一人も受かっていなかった地方から何10人も合格するとか、そういうことが起こっていますよ。その点はよかったと思います。

僕は今はもう生で教えることはほとんどありません。なぜかといえば、5年前10年前の映像で足りてしまうからなのです。ただ、これからは映像のコンテンツではお金が取れなくなってくると思うのです。今は実際に無料で予備校のトップの先生の授業を受けられるというサイトも立ち上がっていますから、時代の変化に応じて、受験産業のありようも同時に変わっていくのでしょう。

現在の東進の強みは過去のコンテンツがたくさんあるところなのですが、これからは入試制度も教育も変わりますよね。そうなると過去のコンテンツが使えなくなるかもしれません。そういう時に、もう一回スタートラインに並んでヨーイドンになると先行利益はなくなります。なので、やはり安売りできる大手企業のほうが強いのではないかと思うのです。

陰山　それはそうだろうと思いますけどね。

出口　そういう中で僕はいろいろな教育を見てきて、学校の教育を変えるという方向にシフトしてきたのです。

第3章 従来の常識が通用しない新時代の教育

情報の多寡ばかり気にする旧い学力観を改めるべき

陰山　出口さんはいつ頃独立したのですか。

出口　２０００年です。

陰山　２０００年というと、僕が「クローズアップ現代」に出た時期ですね。あの頃は、ゆとり教育が危機的な状況になって、学校関係者がとりあえず「このままではだめだよね」と何となく思ったのでしょうね。『分数ができない大学生』を書いたのは京大の経済学部の先生で、教育学の先生ではない。あの先生が見ている学生というのは有名高校から来ているわけで、それを見て「こいつらはだめだね」と言っているわけだから、中高一貫校に行っている連中も大したことはないねと言っているのに、あれで公立学校はだめだとかゆとり教育はだめだとか言うのはほとんどボタンの掛け違いなんですよね。

出口　そういうふうにすり替えられたというのは、マスコミの発信が原因なのですか。

陰山　マスコミですね。結局、メディアというのは読む人が分かりやすいストーリーをつくってしまうのです。

出口　僕はゆとり教育について、文科省の方針自体は決して間違っているわけではないと、当時から思ったのです。

陰山　僕も、方針自体についてはそう思います。

出口　ただ、現場がそれに対応できないだろうということと、もう一つ、僕は学力観そのものを変えていかないと無理だと思っていました。というのは、物事をすべて情報としてしか捉えていないのですね。だから、情報を減らすことがイコールゆとりなんだと。それで情報を減らしたら学力が低下したから、今度は情報量を増やそうという。そういう発想そのものが、実はゆとり教育が否定している詰め込み型なのです。

知の領域というものは単なる情報としてばらばらに分解するものではありま

せん。もっと有機的につながっているものなのではないかと考えています。そこの捉え方を変えていかないと、何をやっても情報を減らしたり増やしたりでは現場が混乱するだけでしょう。15年、20年くらい前から言い続けていることなのですが、誰も予備校講師の話は聞いてくれないのです。

陰山　いやいや、それは僕の立場でも同じですよ。

学年・学級という枠組みが必要ない時代

陰山　新時代の幕開けというのは、どうなっていくのでしょうか。衛星放送は無料化していくとしても、それではクオリティは保てないですよね。では次はどうなるのか。

授業をビデオクリップ化すれば安上がりになって、公立学校は取り入れやすくなるのです。でも、学校の先生の必要性はすごく揺らいできますよね。

出口　そうですね。問題なのは学力と学校の役割をどう捉えるかですね。単純に学力をつけるというだけであれば、本当にすごい先生の映像授業とやる気のある先生の生授業とでどちらが学習効果があるかといえば、僕は前者だと思うのです。そうなると、先生は映像に負けない学習効果を出さないと生き残れないということになりますよね。

陰山　そうですよね。

出口　ただ、学校というのは勉強だけじゃないよという考え方もあると思うのです。

陰山　そうなんですよ。

出口　社会を学んだり、人間関係を学んだり。

陰山　でも、学校というのは授業の時間が大半を占めるでしょう。全体の6〜7割はね。

出口　そうですね。

陰山　言ってしまえば学校の先生はコーチングというか、直接教えるというより、自主的に学ぶ子どもたちのコーディネーターという形にどうしてもならざるを得なくなっていきますよね。そうすると、そういう職業に若者たちが魅力を感じるのかというようなことにもなってくるのです。

出口 そうですよね。

陰山 本当に学校そのものが大きく揺らいでくることだけは間違いないと思うのです。

出口 単に学力だけに価値を置くならば、本当に良い先生のコンテンツを映像で家で学ばせて、現場の先生はそれが本当に理解できているか、反転授業のようにいろいろな形でチェックしていく。それが学習効果が一番あがると思います。

陰山 そうなのですが、そうなってくると、自主的な学習力のある生徒は、コーディネーターの先生の枠を越えて伸びてしまうでしょう。つまり、学年とか学級という枠組みが壊れてしまうと思うんですよ。

出口 そうですよね。

陰山 実は立命館小学校にそういう意味で衝撃を与える子がいて、その子はお父さんが数学好きだった関係で、家で数学を教えてもらっていて、小学校4年生の段階で大学の数学を学習していたのです。ランドセルの中を見たら、本当に大学生の数学の教科書が3冊くらい入っていて、ある日突然、「僕はこんな簡単な算数は嫌だ」と言いだしたので、立命館の大学の先生を呼んで授業をしてもらったのです。そうしたら子どもが喜んで、その子が家に帰ってお母さんに最初に言った一言、これが日本の学校の未来を暗示していると思うのですが、「初めて先生に出会った」と言ったそうです。だから、本当に自主的に学ぶ子というのが育ってくると、先生を選びに旅に出るみたいな時代がけっこう近づいているのではないかなと考えています。

出口　そうなるでしょうね。だからある意味では、先生受難の時代になってきますよね。その子に影響された子どもたちもいますか。

陰山　います。月に1回、その子たちのために立命館大学の先生を呼んでいます。しかしこれからは、スーパー塾みたいなものがあればどうだろうと考えます。それは受験などとは関係なく、将来のフィールズ賞を目指すような塾をやるとか、それ用の映像授業の配信みたいなものが始まってしまえば、世界は変わってきますよね。

その力は東大入試には役立たないかもしれないけれど、その子どもがハーバードやＭＩＴに引っ張られるということは十分あり得るわけじゃないですか。その男の子は、四谷大塚の全国学力テストで全国1位になったのです。全国学力テストは国・算・社・理に作文の5教科ですから、単なる算数オタクではないのです。その彼がどこかで英語をまじめにやって、アメリカの大学で数学を続けられるということになったら、行きますよね。だから、本当に自主的に学びたい子たちは世界に開かれてきている。

出口　今の学校の中では恐らく窮屈で、潰されちゃうでしょうね。

陰山　そうなのです。それこそ入試というのが彼らを潰してしまう。

学ぶ者が主体となって選択権を持っていく時代

出口　何年か前にスウェーデンに視察に行ったことがあって、その時に衝撃的だったのが、バウチャー制度というのを取り入れているのです。元々の公立・私立というのがあっても、今は基本的に同じというか。つまり、許可制をなくして誰でも学校をつくれるようになったのです。生徒1人に対して100万円のバウチャーが出るというような形です。

たとえば100人集めれば1億円になるので、それで学校を経営するとします。ある学校では、ものすごく良い先生を集めるのにお金を使おうとするし、ある学校では、設備を売りにします。競合する学校がないところに学校を開くとか、あるいはできない子を集めようとか、それぞれが特色のある学校を作ろうとし始めます。失敗して生徒が集まらなかったら潰れて選手交代。そういうふうなやり方がのほうが良いのかなという気もしますよね。

陰山　僕は、立場的には基本的にそういうものには反対だったのですが、その一人の男子生徒の出現によって打ち砕かれた感じがしているのです。少なくとも構造的にバウチャー制度を全面的に適用するかどうかは別問題として、今の枠組みに合わない子どもたちに対する入口というか出口というか、違う道を用意する必要を感じるのです。

出口　そうですよね。

陰山　そういう点でいうと、新時代というのは、学ぶ者が主体となって選択権を持っていく時代ではないかと思います。今までは名門校があって、試験をやって、「こっちに来い」とチョイスしていたけれど、それが逆になってくるだろうという気はしますよね。

出口　実際に、昔は選抜試験だった、つまり大学が選ぶ試験だったのですね。というのは、大学の定員よりも受験生のほうが圧倒的に多かったから。そして、ところてん式に追い出さないと次の生徒を受け入れることができないという、大学にとってはある意味で天国の時代だったと思うのです。ところが、バブルの時に大学がどんどん新設されて、枠を増やしていきましたよね。それなのに子どもが減っていく時代が始まって、定員割れの大学がどんどん増えている。
　そういうことを考えると、大学にはもう選ぶ権利はなくなってくるのではないか、逆に子どもが大学や自分の教育を選択する時代になるのでは、と思います。そういった意味では、選抜試験とは言えないのかもしれません。

陰山　本当にそう思います。僕は教師なので、立場上、教師目線でずっと考えてきたのですが、そこの限界がいかにも見えてきてしまっています。結局、それを突き破ってきているのが、別に政治家や経済学者とかではなくて、子ども自身ですよね。子ども自身が、本当に学びたいと。
　最近、親子で一緒に僕の話を聞きに来るみたいなイベントをやるのですが、子どもが本当に優秀です。昔は勉強を嫌がる子どもをつかまえて、親が「どうしたら勉強する気になりますか」みたいなことだったのですが、今は子どもが「どうしたらやる気が出ますか」と聞いてくるのです。すごく前向きな子どもが増えてきましたよね。

出口　本当に前向きなのですか。

陰山　本当です。僕は今ＮＰＯをつくって大学生を集めて教育ボランティアをやらせているのですが、めちゃくちゃに優秀ですよ。「今どきの若い者はいいよ」としか言いようがない。自分の大学時代が恥ずかしくなるくらい。

出口　ある意味では、過剰な受験戦争が緩和してきたということもあるのでしょうか。

陰山　あると思いますね。それで楽になったから遊んじゃえではないんです。時代が厳しくなってきているということを親の背中を見ながら感じていて、「どうもこれは遊んでいるわけにはいかないや」と思って、なおかつ日本以外を見ると戦争とテロばかりで、この平和を永らえるためにはどうしたらよいだろうというふうにまじめに考えている若者が多いですからね。

出口　それは明るい話ですね。

陰山　明るいですね。

子ども時代に基礎的な訓練を徹底的にやると生涯学ぶ人間になる

出口　かつては勉強を悪みたいに捉えている時代がありましたよね。

陰山　そうですね。

出口　文科省のゆとり教育もそうであって、受験勉強によって子どもたちの人間性が阻害されているのではないかということで進んできたわけですが、それはあくまでも上から押しつける勉強であって、「これだけ覚えなきゃだめだ」とやられるわけですからおもしろいわけがないですよね。

僕は予備校の時代から、「勉強は本来は遊びだ」とずっと言っていて、おもしろいからやるのだと主張してきた。人間には本来、知りたいとかわかりたいという欲求があるわけで、その欲求は知れば知るほどどんどん大きくなっていく。年齢も関係ないですからね。でもそうなるためには、例えばスポーツでもまったく基本的な訓練を受けずにやってみても、楽しいかもしれないけれどその深さはわからない。

陰山　続かないですよね。

出口　本当に厳しい訓練を受けて基礎的なことをきちんと身につければ、もっと楽しくなるのと同じだと思うんですよね。だから、勉強というのは人から押しつけられてするものではなくて、自分がしたくて一生やるものであると。ただ、そのためには子どもの時に基礎的な訓練を徹底的にやらないと、生涯学ぶような人間にはなれないのではないか。それはかわいそうなことだと思うのです。

陰山　まさしくおっしゃるとおりで、そこで具体的な手法というのがすごく問題になるわけです。最近「あ、そういうことか」と思ったのは、子どもたちが勉強を嫌になる理由は簡単で、できないから嫌になるのです。ところが、できないことをできるようにするのが勉強だというふうにみんな思っているけれど、やっているうちに気がついたのは、それでは基本的にはうまくいかないのです。

うまくいく方法というのは、できることをよりできるようにすることだろうと考えました。だから百ます計算も、４分ならみんなできるわけじゃないですか。それが1分少々になるということは、4倍の速さでできるようになるということでしょう。実はそのできることをよりできるようになって、子どもたちはどこかで自分自身の力の限界というものを打ち破って新しい能力を身につけるわけです。

いきなり「1分でやろう」と言ったら、できないという結論にしかならないけれど、こういうふうにしてやればいいんだよということがわかっていて、その道筋に子どもたちが自覚を持てればやれるわけです。

だから、学習方法というのがすごく大事だなと思うのです。今まで我々は学習の結果をすごく求めていたのだけれど、学習の結果というのは、この手法さえやっていれば確実に半年後とか1年後とか、あるいは5年後に伸びていくよというふうなものが教師の側にも子どもの側にも自覚できているのであれば、その手法がきちんと身についているかどうかが大事なわけです。

算数などで言えば、何はともあれ解き方を教えてもらって難しい問題が解けるよりも、その問題を解くために必要なそれぞれの基礎的な計算力であったり、あるいは文章の分析などができることがすごく重要なわけじゃないですか。今すぐにその問題が解けなかったとしても。やっぱり、できることをよりできるようにするという道筋がすごく大事だなと、最近思うようになりましたね。

将来子どもたちをどのように伸ばしていくのかというビジョンが必要

出口 今の学校の先生を見ているとひっかかるのが、例えば小学校の先生であれば小学校の部分しか見えていないし、中学校の先生は中学校の部分しか見えていない。

陰山 そうそう。

出口 もっと教育全体を俯瞰したうえで、体系的に子どもたちをどのように伸ばしていくのかというビジョンがないんですよね。

陰山 本当にそう思います。僕らが小学校で教えた子どもたちが大学受験で実績を出したら、何がよかったのかなと考えますよね。この子たちが大学を卒業して実社会に出た後でどういう人生を歩んでいるのかということも、すごく気になる。そこを見ていくと、いろいろなことが見えてくるわけですよ。意外と皆さんはそこにあまり関心を持たないですよね。

出口 そうですよね。

陰山 同窓会には呼んでくださいとか、そんなことばかりで。

出口 塾の中でも、中学受験でどのくらい合格したかとか、そこしか見ていないのですね。でもそこで、合格したけれど、そうしたつめ込みの学習の結果、その先でだめになっているかもしれないわけであって。

陰山 そうそう。そういう点では僕らの教え子というのは、田舎ですから情報が入ってくるので楽しいですね。プロ野球のピッチャーをやっている子もいれば、ノーベル賞を目指している子もいるし。振り返ってみると結局、基礎・基本というところに返ってくるんですよね。

出口 そうですね。その基礎・基本とは何かというと、僕は広い意味での言語だというふうに考えています。

陰山 そう思います。要するに、学習って何かといったら、具象を言語に転換することです。自分の中に現われてきているさまざまな物事を言語化して、相手に伝えて、共有化すること。突き詰めていえば、そういうことだと思いますね。

出口 あとは演繹・帰納、または因果関係ですよね。

脳の働きを高めるために勉強という営みが存在している

陰山 最近、自分の中で思うのは脳の働きが大事だなと。ただ、僕がこんなことを言うと、大脳生理学者からは「勝手なことを言うな」と怒られるのですが。

でも、なぜ僕がそういうふうに言うかというと、脳の働きというふうに理解したらわかりやすいからです。例えば、百ます計算をやっていると社会科の点数が上がってきたり、国語でどんな漢字テストでもその学年なりの漢字テストが80点なり90点取れるようになってくる。全部のテストの点が上がってくるのです。

昔は、すべての問題は言語で表わされているから国語が重要なんだと言われていて、それはそれで理屈としてはわかるのですが、どうもそれよりももっと強烈な働きを感じていて、川島隆太先生の読み書き計算をやると老化を防ぐみたいな話が出てきた時に、やっぱり百ます計算とか漢字をやることによって脳細胞の働き方が変わってくるというふうに理解すると、いろいろなことが筋道立って理解できるし、それなら余計なことをするよりも脳神経をどう活発にするかということを考えたほうがいいじゃんと思っています。ガーッと運動させるとか、文章なども一心にザーッと書かせるとかすると、いきなり点が上がるのです。

そこを考えると、最近よく言っているのは、集中力を高めて良い成績を取るというのは実は逆で、脳の働きを高めるために勉強という営みが存在しているのではないかと。では、脳の働きが良い状態というのはどういうことかといったら、極めて高速に処理していくことです。要はさっきのＡＩの話で、コンピュータは0と1をいかに高速に処理するかだけですよね。それをソフトウェアとか、ある一定の方向性によってプログラムされれば、それこそプロ棋士にも勝てるわけじゃないですか。

そこのところを突き詰めると、実はほんの小さな脳の働きを高めることがいかに重要かということになるのです。どんなに複雑に見えるものも、実は本当に小さな小さな脳の動きというのがそこに介在しているんだというふうに思えてきたのです。

そう考えてみると、勉強って実は時間ではないのです。勉強時間を増やしてもあまり成績は上がらない。ただし、どれだけ没頭するかということをやると、その没頭の度合いに比例して成績は上がってくる。まさしく高速処理の状態に脳が耐えられるようになってくると成績は上がってくるわけで、だらだら長時間やるよりも短時間で一気に集中したほうがよいのです。実際に、そのほうが成績は上がっていくわけですね。

脳の働きで、ある一つのデータを0と1で置き換えてハードディスクに入れる。その変換は言語という約束事によって0と1に置き換えられていくというふうに理解すると、計算というのは0~9の数字を足す、引く、掛ける、割るという行為です。あるいはそれをいくつか組み合わせた特殊な数に転換して、さまざまな動きを理解していくということだろうなあと思うと、おっしゃるように広い意味での言語化というのが勉強の本質だろうと思います。

言語を身体化した後に論理を身につけていく

出口　「読み書きそろばん」と言いますが、僕に言わせるとそれは日本語と算数。僕は自然言語と人工言語という言い方をしているのですが、自然言語には英語も含みますし、人工言語にはコンピュータ言語も含めているのですが、その処理能力を高めるということだと思うのです。

我々は言語を使って物を考えたり、仕事をしたり、表現したり、コミュニケーションしているわけであって、子どもの時にその処理能力を徹底的に高めるというのがすごく大事ではないのかなと思うのです。

言語をある程度身体化した後に、次には論理を身につけていくという順番ではないか、そこの部分が僕の仕事になっているという感じがしています。

陰山 まず基本的な機械言語、プロトコルみたいなものがあって、その上にOSが走る。そのOSのところが言語であって、OSからもう一段階、それはひょっとしたらアプリケーションであるワードとかになるのかもしれないけれど、そのアプリケーションとOSの中間地点に論理性とかそういうものがあるのだろうと僕は思うのです。

僕は小学校1年生で何から入るかなと思うと、「比べる」ということですよね。つまり、大きいか小さいか、赤か青か、多いか少ないかとか、その違いを何らかの形で顕在化しようと思ったら、「これは赤という色だね。これは青という色だね。違うよね」と、言語がなければ比べられない。言語があって、今度は果物の種類とか自動車の種類というような類型化があって、それぞれが生活にどう結びついているのか、それがまた自分にとって有益であるか無益であるか比べていく、そういう基本的な理屈の部分というのが、僕らからすると論理の入り口なのかなと思ったりします。

出口 そうですね。おっしゃっていることは論理だと思いますし、突き詰めれば論理というのは言葉の規則。規則を知らずに言葉を使っていては、論理性というのは発達してこない。それぞれが日常的な言語の使い方で終わってしまっているから、頭が論理的に鍛えられないということですよね。

陰山 そうです、そうです。

出口 比べるというのは対立関係だし、ばらばらのものから抽象化して概念を規定していくというのはイコールの関係だし、さらには、物事には必ず理由があるわけでそこには因果関係が成り立っています。これらは単純な規則の使い方だと思うのです。それができないのは、今の学校では「これを勉強したか・しないか」、「知っているか・知らないか」ばかりが問題にされて、習熟したのか、アウトプットできるのか、使えるのかというところまで行っていないからだと思うのです。

第4章 日本の教育はどこで間違ったのか

言語力のないところにクリティカル・シンキングをもってくる怖さ

陰山　僕が思うのは、小学校の国語教育では言語事項というところがめちゃくちゃに非力なんですね。これが英語になった途端に、文法がやたら肥大化しているじゃないですか。何とか中間にならないのかといつも思っているのです。

出口　おっしゃるとおりです。

陰山　僕も国語の教科研究会に出た時には、この言語事項の弱さを問題にしたのですが、あまり話題にもなりません。日本の学校教育というのは、自由がいいんだみたいな形になっています。図工がそうですよね。「思うように描きなさい」と。そんなもの描けないですよ。

出口　僕もそこの部分がとても気になっています。というのは世の中の流れがクリティカル・シンキングに向いてきていますよね。文部科学省も完全にそっちに行っている。文科省の言い方では「答えがないかもしれない」あるいは「複数の答えがあって、その中で最適なものを選び取る力」ということですが、欧米でそれがうまくいっているのは、子どもの時から徹底的に言語技術を鍛えているからです。本当に論理力を鍛える教育をずっとやっているし、さらに他者意識が強いので、しっかり説明しないと伝わらないという文化がありますよね。

日本の場合には察する文化で、例えば「アイスクリームがおいしい」と言えば、「なぜですか」なんて誰も聞かないわけですよね。具体例を挙げればそれでおしまいということで、理由も聞かない。まったく論理的な教育もなければ、きちんと説明するような文化的背景も持っていなくて、以心伝心という日本の中にいきなりクリティカル・シンキングを持ち込んだら何が起こるかというのが、すごく怖いのです。

単なる思いつきで良いということになってしまうのではないかと。答えなんかなくていい、いろいろな可能性があるとなったら、まさに思いつけば何でもOKになってしまって教育にならないんですよね。

クリティカル・シンキング

一般的には、「証拠に基づく論理的で偏りのない思考」「自分の思考過程を意識的に吟味する省察的思考」などと解されている。

文科省の現行学習指導要領では、「多様な観点から考察する能力（クリティカル・シンキング）」または、「他者の考えを認識しつつ自分の考えについて前提条件やその適用範囲などを振り返るとともに、他者の考えと比較、分類、関連付けなどを行うことで、多様な観点からその妥当性や信頼性を吟味し、考えを深めること、すなわちクリティカル・シンキング」などと定義づけされている。

２０１４年に文科省が発表した「大学改革実行プラン」では「大学入試改革」の目玉として、「クリティカル・シンキングを重視した入試への転換」が「ＴＯＥＦＬ等の入試での活用促進」とともに挙げられている。

教育格差は経済格差と連動しない

陰山　この間、コンピュータを使ったICTの教育でマイクロソフトがショーケーススクールといって、世界中でコンピュータを使って目立った実践をやっている学校を世界で何10校か指定して、そこの先生方を一堂に集めて研修会をやっているのです。

この間はブダペストかどこかであってうちの先生が行ったのですが、今後の教育のあり方とかコンピュータの方向性みたいなテーマを与えられて、いろいろな国の先生方が強制的にグループになって、6〜7人ずつ10何個のグループをつくって議論して、自分たちの考えたことをプレゼンするということなのです。

それがコンテストになっていて、びっくりすることに優勝するのはだいたい日本人が仕切ったところだというのです。まず驚くのは、日本の先生が英語をしゃべれるということですよ。次に驚くのは、よその国の教師たちは自己主張は強いけれどまとめられない。日本人はまとめるのが実にうまいのですね。それぞれの考え方の特徴を捉えながら、実にうまくコーディネートをしていくということで、近年は日本人が仕切ったところが優勝するということがずっと続いているそうです。

けっこう現場の先生方や保護者、さらには塾もひっくるめて、そういう理想的な教育をやっているところがかなりゲリラ的に育っているのではないかなという気がしているのです。

おっしゃるように公立学校の全体が非常にだめと言われている中で、学校にも説明責任があるというふうに世界が変わってきました。そうした中で、日本の学校にも性根が入ってきたかなと感じることが増えました。日本の中でもそういうふうにすごい格差が出てきている。それは、お金があるとかないとかは関係ないですね。良い教育をしようという地域とか、あるいはそういう首長がいるところは、今後よくなっていくでしょうね。

出口　それだけ教育格差が広がっていくということですね。底上げということではなくて。

陰山　そうですね。地域間格差が広がっていく。その点でも一つ正しておかなければいけないのは、事実に基づいて議論するということです。例えばお金のある家ほど学力偏差値が高いとみんな信じ込まされているけれど、さっき言ったみたいに山口小学校というのはそんな豊かな地域ではありませんし、特別な学校でもない。しかし、基礎教育と基本的な生活習慣を正すことによってそれだけの成果が出ているのです。だから、特別なことを特別にやるというより、当たり前のことを当たり前にやる。

それこそ論理の問題なのですが、秋田や福井は県民所得が高いですか、あるいは県民所得の高い大阪が上位にいますかと。違いますよね。それがメディアの情報の中で、安易にみんなが信じ込んでしまうという。リテラシーがないのは大人でしょうということですよね。

ゆとりの反動で激増した教科書の情報量

出口　ゆとり教育が批判された時に、国際学力調査*の数字が下がったということで大騒ぎしましたが、あれもよくわからない議論ですよね。

陰山　わからない議論です。だって、あれは1回目はトップでしたからね。しかも2012年の調査では日本がトップに返り咲いているのです。

出口　そうですか。試験問題自体も、前の暗記中心から変わってきていますよね。

陰山　そうです。日本の学校教育自体を、この10年間でそちらのほうに変えましたから。もっと言うと、全国学力というのはPISA調査の模擬テストですからね。通常の定期テストは大学入試みたいな暗記のテストになっているし、結局はデュアルスタンダードで走っている。子どもたちは大変ですよね。

出口　同じ条件で比較しているわけではなくて、試験の問題もどんどん変わってきているわけだし、必要とされる学力も変わってきているわけで、さらに、実際にはゆとりということで学習内容を減らした分だけ新しいことをやろうとしているので、ある程度の学力が低下するというのは最初から織り込み済みの話ですよね。

陰山　そうだったのですが、結局2003年のPISA調査*でショックを受けたものだから、指導要領は変えずに教科書だけ変えてレベルをものすごく上げたのです。2012年から一気に上げたので、今の教科書は義務教育の小中学校で30%増なのです。教科書のページ数ですね。だから、教科書はすごく分厚くなっています。

出口　ところが今の文部科学省の新しい方針としては、それを変えずに、知識の量は今のままで、もっと自分で考える力とか書く力とか表現する力を伸ばせということ。それは無理じゃないかと思うんですよね。

陰山　本当に教科書を見てみてください。特に算数。すごくたくさんやることになってます。

出口　詰め込むしかなくなってしまいますね。

陰山　最終的にはそうならざるを得ない。だから僕は個人的に、ここしばらくアクティブラーニング対策ということもあるのですが、予習力を高めましょうということをずっと言っているのです。

出口　アクティブラーニングを入れようと思ったら、教科書の内容は減らさないと無理ではないですか。時間的に。

陰山　そう思うのですが、教科書の量はすごいですよ。大丈夫かなと思います。

出口　どこかでしわ寄せが来ますよね。

陰山　昨年秋に報道されたのですが、不登校がずっとこの10年間、変な上昇の仕方はなかったのですが、突然、２０１２年から上がったのです。また小学校低学年からの非行が増えたのです。小学校1年生の校内暴力と言われても笑っちゃいますけど、それが増えているんですよ。

出口　その原因はどうお考えですか。

陰山　やっぱり生活習慣とか子どもの対応力が変わるわけがないのに、いきなり勉強量を増やしてしまったからでしょう。例えば、俳句というのは前は小学校6

年生だったのですが、今は3年生なのです。ローマ字は昔は4年生の3学期だったのですが、今は3年生の前期にやってしまう。英語学習が3年生から始りますから、それならローマ字は1学期中にやっておかないとだめでしょうみたいなノリで。

出口 英語を3年生から始めますね。本格的にやるのは5年生からですか。

陰山 5年生になると3時間やりますね。

出口 あれは現場の教師は対応できているのですか。

陰山 対応できません。また見切り発車でしょうね。

出口 やっていることは全部、理想的なんだけど現場は混乱しているわけですね。

陰山 日本の学校というのはドラえもんみたいなもので、のび太君がむちゃくちゃを言っても全部のみ込んじゃうみたいなところがある。そのうちにドラえもんも腹痛を起こすだろうと思って見ているのですが。

国際学力調査・PISA調査

OECD（経済協力開発機構＝ヨーロッパ諸国を中心に日・米を含め34ヶ国の先進国が加盟する国際機関）が進めている国際的な学習到達度に関する調査。PISA（Programme for International Student Assessment）と呼ばれる。15歳児を対象に読解力、数学的リテラシー、科学的リテラシーの三分野について、3年ごとに本調査を実施している。

2003年のPISA調査

PISA調査は、毎回メインテーマが存在し、読解力、数学的リテラシー、科学的リテラシーの順番でメインテーマが変わる。そのため、2003年は数学的リテラシーがメインテーマであった。前回（2000年）は日本は数学的リテラシーで1位だったが、2003年は6位となる。

アクティブ・ラーニング

アクティブ・ラーニングは、2012年に中教審答申において大学教育の質的転換で提唱された授業形態である。文科省の用語集によれば、「教員による一方向的な講義形式の教育とは異なり、学修者の能動的な学修への参加を取り入れた教授・学習法の総称。学修者が能動的に学修することによって、認知的、倫理的、社会的能力、教養、知識、経験を含めた汎用的能力の育成を図る。発見学習、問題解決学習、体験学習、調査学習等が含まれるが、教室内でのグループ・ディスカッション、ディベート、グループ・ワーク等も有効なアクティブ・ラーニングの方法である。」とされている。

小・中・高校では、子どもが自ら問題を発見し、それを話し合い、発表するという、先生と生徒の双方型授業と解されている。

アクティブ・ラーニングと基礎学力の関係

出口　恐らく大学はこれからもっと文部科学省の言いなりにならざるを得なくなるだろうと思うのです。というのは、どんどん少子化が進んで助成金が出なくなってくると、言うことを聞かざるを得ない状況になってきますよね。

陰山　国際学力調査も上がったし、全国学力テストの結果もだいたい上と下の格差が縮まって上がっているわけです。だから、文科省は義務教育の改革にすごく自信を持ってしまっているのです。それで、目下の課題は何かといったら、大学の授業だと。それを変えていくのにアクティブラーニングだということを言っているので、実はあれは小中学校の話ではないんですね。

ところが、小中学校の先生のほうが反応してしまって、いきなり「つながり合いが大事だ」とか言いだしているので、本当に心配しているのです。

出口　やっぱり全体として整理しなければだめなので、小学校低学年というのは基礎学力を徹底的に身につけないといけないと思うんですね。それを使って物を考える。特に自然言語と人工言語の処理能力を徹底的に高めるということが大事であって、論理的に言葉を使うような訓練もなくアクティブラーニングというのはあり得ないと思うんです。

陰山　あり得ないです。

出口　あるいはクリティカル・シンキングというのもあり得ないですよね。何でも言いっぱなしで良いということになったら、評価もできなければ教えることもできない。そこは明確に整理しないとだめだと思います。

一方で、僕はアクティブラーニングというのも非常に重要だと思っています。というのは今までの日本の教育は答えありきで、教科書や先生が答えを持っていると。子どもたちはそれを疑うことなく、ただ暗記すればいいとされてきた。そこは崩さないとだめだと思うんです。だから、その崩し方の問題だと思うんですよね。

陰山　そうそう。

出口　アクティブラーニングをどういう形で入れていくのか。その前提としていかに言語処理能力を高めていくのかが大事で、そういったことが見えずにただどんどん進めているように見えますね。

陰山　アクティブラーニングという言葉が言われ始めた瞬間から、基礎・基本ということは言われなくなりますから、どれだけワンパターンなのかと思ってしまいます。

出口　全体をコーディネートしながら、きちんと子どもの発達に合わせてプログラムしていくことが重要だと思うのですが、小学校は小学校、中学は中学、高校は高校、大学は大学とそれぞれでやっているのではないかという気がしますね。

陰山　そうですね。いま一番課題を持っているのは、僕は幼稚園から小学校2年生までだと思うのです。そこのところをきちんとやらなければいけないのですが、そこが今は混乱してしまっている。

幸か不幸か、カリキュラム的にはかなりやらせようということになったのですが、手法が不安定なので、結局は子どもたちが負担を感じざるを得ない状況になってしまっているということだろうと思うのですが、そこは大変ですよ。

論理的な言語訓練をやる場がまったくない

出口 僕らの少し上は全共闘世代ですよね。僕はあの世代が苦手で、大学に入った頃に、学生運動をやっていた世代が留年して6年生、7年生、8年生になって威張っていたのです。彼らは本当に議論が好きで、難しい言葉を振り回していました。予備校に入った時も、トップの先生は学生運動の世代だったのです。だからアジるのがうまくて声が大きくて、みんなの前でしゃべるのが大好きという。それで人気を集めていたのです。

ただ、それなりに難しい文章を読んで難しいことを議論しているから、論理的な訓練にはなっていたのではないかという気がするんですね。

陰山 まあね。だから一層、困るのですけどね。よくまあ、あんな難しい言葉を振り回すなと思って。

出口　本当に物を考えている人間ではないと思うのです。ある意味では、刷り込まれた言葉で刷り込まれた議論をしているだけですから、自由な思考で物を捉えるというようなこととはちょっと違うと思うのですが。今はまったく逆になってしまっていますよね。子どもの時から音楽、アニメ、マンガ、動画ですよね。それが悪いということではなくて、論理的な言語訓練をやる場がまったくないんですね。

漱石ではなくてライトノベルを読んで、文章は書いても絵文字という。しかも、国語でもきちんとした論理的な訓練をしていないわけですから、そうなると非常に怖い気がします。

陰山　そうですよね。そういう点では本当に二極化していると思います。

出口　子ども自身が、あるいは家庭の中できちんとした言語訓練を受けた子どももいる一方で、野放図になってしまって本当に物を考えない人間が生まれてくると思うんですよね。感覚だけで反応するような感情的な人間というか。

陰山　ただ、賢い人たちはみなアメリカナイズされているので、僕らみたいに英語がよくわからない人間からするとわけのわからないカタカナがいっぱい出てきて、日本語に訳してほしいなと思う。

出口　特にビジネスの世界では、ほとんどカタカナですよね。

陰山　「ＰＤＣＡを回す」とか言われて、独楽の話かよみたいな。日本語で言えばもう少しリアリティがあって、むしろ共有できると思うのですが。

あらゆる言語が日本語で翻訳可能である

出口　先ほど陰山先生が日本人のコーディネート力ということをおっしゃったのですが、やはり日本人が持つ良いところというのもあると思うのですね。よく「日本人は黙っていて質問しない」と言われますが、実際の現場を見ると、外国人の語学学校などでは辞書で調べればわかることまで全部、先生に聞くわけです。そのために授業が成り立たないのです。みんな自分で考えないで、何でも質問する。授業は進まないし、わかっている人はぼおっとしている。
日本人がなぜ質問しないのかというのは理由があるわけで、調べればわかることだからわざわざその場で聞く必要はないとか、あるいは質問するというのはみんなの時間を奪っているわけだから、それだけの価値のある質問とは思えないとか、いろいろなことを考えているわけですよね。授業の進行を邪魔してはいけないとか。そういういろいろな配慮があって質問しないということも多いと思うのです。

陰山　本当にそう思いますよ。

出口　実は最近私の経営する水王舎から「やまと言葉」の本を出したのですが、やまと言葉もまさに日本人の精神性をよく現わしています。たとえば、「ごはんができたよ」という言い方をしますよね。あれは世界でも珍しい言い方だと思うのです。英語だったら主語がありますから、「私はご飯をつくった」となりますよね。それに対して主語はなく「ごはんができたよ」と。

なぜできたかというと、私がつくったのではなくて、自然の恵みがあり、命があり、多くの人たちのお蔭で食器やいろいろなものがあるわけだし、食べてくれる人がいるからつくれるわけで、全部を含めて「私がつくった」ではなく「ごはんができた」という表現になると思うのです。

こういった日本のよさというのは、日本語の表現の中にも表われているので、そういうことをもっと子どもたちに教えなければだめだし、あるいは海外で日本語を勉強する人たちにも伝えていかなければならないと思うのです。それが日本人に対する一番の理解になってくると思うんですよね。

陰山　これは聞いた話ですが、世界の思想とか小説とかで一番学びやすい言語は何かといったら、英語ではなく日本語だそうです。なぜかというと、翻訳が一番進んでいるから。ということは、世界中の思想に対して興味・関心・意欲があると同時に、世界中の言語の中で表現しづらいものをユニバーサルデザインで表現できる可能性を持っているのが日本語なんです。

出口　そうですね。歴史的に言うと、まさに中国の漢字が入ってきた時にそれを取り込んで、ひらがなをつくったり、スペイン・ポルトガルの言葉が入ってきた時にはカタカナで表現し、そして欧米の言語が入ってきた明治になって今の言葉になった。つまり、あらゆる異質な言語を取り込んで日本語というものはどんどん変わっていっているのです。だから、本当にあらゆる言語が日本語で翻訳可能なのですね。すごい言語だと思います。

陰山　そのために「主体性がない」と言われたりすることもあるけれど、この島国の中で下手に主体性だけでいってしまうと実は国力は摩耗してしまうでしょう。だから、日本人だけでいると日本の社会はすごく安定するのだけど、70年とか100年くらい経ってくると停滞するので、100年ごとくらいに海外に目を向けてみる。それこそ聖徳太子の遣隋使からそうですね。世界に目を向ける時期と一国主義の時期のバランスのとり方がすごいですよね。

よく思うのですが、平清盛のような刀を振り回していたような人間が、やっぱり貿易で稼ごうと思うわけでしょう。遣唐使をなぜ菅原道真が絶ったかというと、遣唐使というのはすごく国を荒らしたらしいのです。日本のものを中国に持っていって売ると100倍くらいに売れたそうです。それをさらにこっちに持って帰ってくると、さらに100倍で売れた。つまり、1万倍になって返ってくるわけですよ。

そうすると、そこにありとあらゆる利権ができて、もめ事が頻繁に起きるようになった。それをやめさせて、国をきちんと安定させて天皇中心の国に戻さなければいけないので、菅原道真がやめさせたそうです。アメリカとの貿易を安倍総理が断てるかと考えたら、そんなことをしたらとんでもないことになりますよね。菅原道真はそれをやってしまったのです。

気候的に見ても地政的に見ても、変化がありながら安定しているという類まれな日本という国が、わりと安定した文化を持つ国民としてやってきている。そこのところは言語にも文化にもやっぱり表われていますよね。

出口　そうですよね。

陰山　何年かすると停滞するので、すぐに自己批判を始めちゃうところがあるんだけど、でもそれと同時に「日本っていいじゃん」ということに気がつくことにもつながるので、そういう意味では今はちょうど時代の分かれ目で、日本の弱点こそが実は長所であったり、日本の長所がちょっとしたことで苦境につながるとかいうことが、見えてきている時代じゃないかなという気がするんですけどね。

日本についてきちんと学ぶ教科が必要

陰山 ネットの時代の教育というのはグローバリズムに翻弄されることは間違いないけれど、そこのところをどう切り抜けていくかというのは、日本人独特の知恵の要る世界になってきているんだろうなという感じはします。

出口 そういう意味では、日本という科目をつくってもおもしろいかもしれません。

陰山 それはおもしろいと思いますよ。

出口 日本語と日本文化。日本の良い点も悪い点も含めて、日本のことをきちんと学ぶという教科があると良いですよね。

陰山 日本学ですね。開国から明治にかけて、海外から日本にきた外国人が、子どもにとっての天国というものがあるとしたらそれは日本だと言ったくらい、教育の状況はものすごくよかったし、和算では今で言う微分・積分を超えるまでの能力があった。非常に高いレベルを持っていたのですね。

それから、島国と言っているけれど、確かペリーが来た7~8年後に咸臨丸で渡っていますよね。それから10数年でメイド・イン・ジャパンの蒸気船をつくっています。

ペリーの記事などを読んでいると、日本人の記録では4隻の蒸気船を見て日本人はぶっ飛んだと書いてあるじゃないですか。ところが向こうの船員たちは、日本の小舟に驚いた。欧米の船は動力で水をかき分けるのですが、日本の小舟は人力で水の上を滑っていく、「何なんだ、あれは」とびっくりしたそうです。流体力学に基づいた理想的な形だったのです。形は共通だから、開国後に日本の造船業があっという間に世界的レベルになったわけです。

そういうところを考えると、日本と世界というのは実は知的レベルにおいてはまったく遜色ない。ただ、一つだけ決定的な違いがあるのは、日本の科学は軍事には使われない。軍事に使われる技術というのは全部、海外からですよね。戦国時代に鉄砲が登場するじゃないですか。あの時代に最も鉄砲の生産量が多かった国はどこかというと、日本なのです。世界の鉄砲の半分は日本でつくっていたそうですよ。

それこそ、タイやインドで鉄砲がつくられたという話は聞いたことがないでしょう。つくれないのです。鉄の鋳造技術が世界でもトップクラスだったから、ヨーロッパでもああいう鉄の改造というのは少なかったのです。日本では琵琶湖の北のほうと堺のほうに大量に鍛冶師がいたから、日本刀をつくるのも鉄砲をつくるのも基本的には同じなので、構造さえできてしまえば大量生産ができる。

織田信長のとった集団の鉄砲戦法というのも、実は日本のオリジナルなのではないかと思います。出発点は確かに海外なんだけど、元々の基礎科学力が日本は高いので、あっという間に世界レベルのものを生み出してしまう。ゼロ戦もそうだし。その辺はおもしろいですよね。

第5章 2020年、大学入試改革の行く末

日本の大学ランキング凋落への危機感

陰山　いま盛んに話題になっている*2020年の大学入試改革は、単に入試の改革ではなく、大学をどう変えていくかの話の延長線上にあるのです。世界における日本の大学のランキングが落ちてきているので、これをまず何とかしなければいけない、という危機感がベースにあるんです。

10年ぐらい前に、世界の大学のランキングが発表されたときに、東大が16位で、失望する声が聞かれたんですが、よく見てみると、上位15大学は、すべて英米の大学で占められていて、英語を母国語としない国の大学では、東大がトップだったので、そんなに落胆することもないだろうと思っていました。

ところがここ数年でアジア諸国が大学教育をグローバル化に合わせて英語化してきて、日本でも秋田の*国際教養大学など英語で授業をやるところが伸びてきて、それにつれて東大、京大のランキングが落ちてきています。世界の動きの中で完全に乗り遅れてしまったのです。

日本の大学の国際的な地位の低下を何とかしようということで、今回の大学入試改革があるわけです。高・大接続*という話もその一環であるのです。

出口

おっしゃる通り、アジアの大学が躍進している中で、日本の大学が埋没している状況があります。日本の大学はこれまで大学の定員に対して受験者の方が多かったので、入るのは難しかった。卒業の際は後ろが詰まっているので、ところてん式に出される。先生は大教室でノートを読み上げるだけでやってこれた。

ところが、少子化によって学生が減って私立では定員割れするところが増えている。大学は授業のスタイルを変えなくちゃいけないし、なるべく大学にとどまって授業料を払ってほしいので、卒業の試験も厳しくなるでしょう。逆風が吹いたことで、ようやく、本当に学問する場所として大学の改革が始まっているところだと思うのです。今が、これまでの大学の悪いところを変えるチャンスでもありますね。改革が上手くいかないところは、生き残っていくのは厳しいと思います。

陰山　現実問題として、私学の場合、きちんとした授業をしないと学生から批判されます。昔は休講すると学生は喜んだものですが、いまは学生部にクレームが殺到します。今の学生は、いい意味でまじめだし、頑張る子も多いという印象です。

出口　僕が学生の頃は、大学の先生は20分遅刻してきて30分早く終わるのが普通でしたからね。いまは学生に授業について満足度アンケートをとっていますから、そんなことは許されませんよね。最近は、先生も学生もまじめに学問をやろうという雰囲気はひしひしと感じます。

2020年の大学入試改革

２０１４年12月に中央教育審議会より発表された答申「新しい時代にふさわしい高大接続の実現に向けた高等学校教育、大学教育、大学入学者選抜の一体改革について」において、２０２０年を目途に大学入試改革のビジョンが以下のように発表された。

「大学入学者選抜においては、現行の大学入試センター試験を廃止し、大学で学ぶための力のうち、特に「思考力・判断力・表現力」を中心に評価する新テスト「大学入学希望者学力評価テスト（仮称）」を導入し、各大学の活用を推進する。各大学が個別に行う入学者選抜（以下「個別選抜」という。）については、学力の三要素を踏まえた多面的な選抜方法をとるものとし、特定分野において卓越した能力を有する者の選抜や、年齢、性別、国籍、文化、障害の有無、地域の違い、家庭環境等にかかわらず多様な背景を持った学生の受け入れが促進されるよう、具体的な選抜方法等に関する事項を、各大学がその特色等に応じたアドミッション・ポリシーにおいて明確化する。」

なお、答申に示された入学者選抜のイメージ図と新テストの概要は以下の通りである。

大学入学者選抜改革の全体像（イメージ）

※「高等学校基礎学力テスト（仮称）」は、入学者選抜への活用を本来の目的とするものではなく、進学時への活用は、調査書にその結果を記入するなど、あくまで高校の学習成果を把握するための参考資料の一部として用いることに留意。

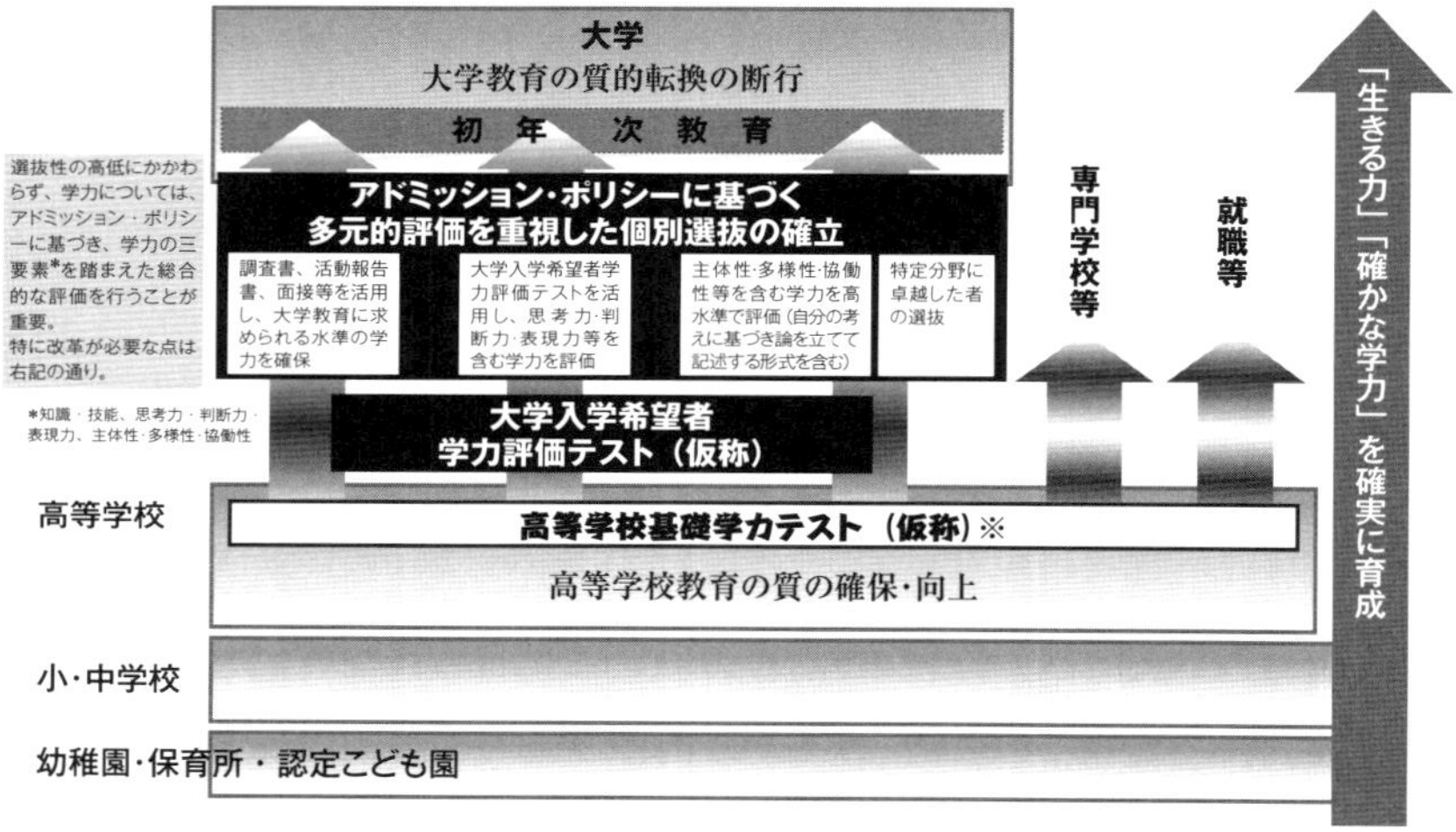

総称	学力評価のための新たなテスト（仮称）	
実施主体	大学入試センターを、「学力評価のための新たなテスト（仮称）」の実施・方法開発や評価に関する方法開発などの支援を一体的に行う組織に抜本的に改組。	
個別名称	高等学校基礎学力テスト（仮称）	大学入学希望者学力評価テスト（仮称）
目的・活用方策	○生徒が、自らの高等学校教育における学習の達成度の把握及び自らの学力を客観的に提示することができるようにし、それらを通じて生徒の学習意欲の喚起、学習の改善を図る。 <上記以外の活用方策> ○結果を高等学校での指導改善にも生かす。 ○進学時や就職時に基礎学力の証明や把握の方法の一つとして、その結果を大学等が用いることも可能とする。 ※　進学時の活用は、調査書にその結果を記入するなど、高等学校段階の学習成果把握のための参考資料の一部として使用。	○大学入学希望者が、これからの大学教育を受けるために必要な能力について把握する。 「確かな学力」のうち「知識・技能」を単独で評価するのではなく、「知識・技能を活用して、自ら課題を発見し、その解決に向けて探究し成果等を表現するために必要な思考力・判断力・表現力等の能力（「思考力・判断力・表現力）」を中心に評価。
対象者	○希望参加型 ※　できるだけ多くの生徒が参加することを可能とするための方策を検討。	○大学入学希望者 ※　大学で学ぶ力を確認したい者は、社会人等を含め、誰でも受験可能。
内容	○実施当初は「国語総合」「数学Ⅰ」「世界史」「現代社会」「物理基礎」「コミュニケーション英語Ⅰ」等の高校の必履修科目を想定（選択受検も可能）。 ○高等学校で育成すべき「確かな学力」を踏まえ、「思考力・判断力・表現力」を評価する問題を含めるが、学力の基礎となる知識・技能の質と量を確保する観点から、特に「知識・技能」の確実な習得を重視。 ※　高難度から低難度まで広範囲の難易度。 ○各学校・生徒に対し、成績を段階で表示 ※　各自の正答率等も併せて表示	○「教科型」に加えて、教科・科目の枠を超えた思考力・判断力・表現力を評価するため、「合教科・科目型」「総合型」の問題を組み合わせて出題。 ※　将来は「合教科・科目型」「総合型」のみによる「知識・技能」と「思考力・判断力・表現力」の総合的な評価を目指す。 ※　広範囲の難易度。特に、選抜性の高い大学が入学者選抜の評価の一部として十分活用できる水準の高難易度の出題を含む。 ○大学及び大学入学希望者に対し、段階別表示による成績提供
解答方式	○多肢選択方式が原則、記述式導入を目指す。	○多肢選択方式だけでなく、記述式を導入。
検討体制	○CBT の導入や両テストの難易度・範囲の在り方、問題の蓄積方法、作問の方法、記述式問題の導入方法、成績表示の具体的な在り方等について一体的に検討。	
実施方法	○在学中に複数回（例えば年間 2 回程度）、高校2・3年での受験を可能とする。 ○実施時期は、夏～秋を基本として、学校現場の意見を聴取しながら検討。 ○CBT 方式での実施を前提に開発を行う。 ○英語等については、民間の資格・検定試験も積極的に活用。	○年複数回実施。 ○実施回数や実施時期は、入学希望者が自ら考え自ら挑戦することを第一義とした上で、高校教育への影響を考慮しつつ、高校・大学関係者を含めて協議。 ○CBT 方式での実施を前提に開発を行う。 ○特に英語は、四技能を総合的に評価できる問題の出題や民間の資格・検定試験を活用。 ※　他の教科・科目や「合教科・科目型」「総合型」についても、民間の資格・検定試験の開発・活用も見据えて検討。
作問のイメージ	全国学力・学習状況調査の A 問題（主として知識に関する問題）及び B 問題（主として活用に関する問題）の高校教育レベルの問題を想定	知識・技能を活用して、自ら課題を発見し、その解決に向けて探究し成果等を表現するための力を評価する、PISA 型の問題を想定

国際教養大学

日本初の地方独立行政法人の運営による単科大学。海外とのコミュニケーション能力を重視したカリキュラムが組まれ、グローバルビジネス課程(経営学)とグローバルスタディズ課程(国際関係論)の専攻を有し、リベラルアーツを標榜している。ほとんどの授業を英語で教授している。専任教員の約55%が外国籍と、外国人教員比率は日本の大学の中では第2位の高さである。

高・大接続

高・大接続とは、高校、大学、大学入試の一体改革において使われるフレーズである。これまでの日本の教育では、高校での学び、入試で求められる知識、大学に入ってからの学び、社会に出てから必要な学びが、それぞれ異なっていた。これまでバラバラであった高校教育、大学入試、大学教育を、一つの流れの中で結びつけようという試みが高・大接続である。

東大とハーバードでは何が違うか？

陰山　東大とハーバードの両方に通った人に話を聞くと、レベル的にはそんなに違いはないそうです。ただし決定的に違うのは、アメリカの大学だと、ノーベル賞受賞者が普通に大学のキャンパス内を歩いている。世界をリードしている人から直接話を聞くことができるけれど、日本ではそれができないというのです。人的ネットワークの中で仕事をしようと考えると、やはり海外に出ないとお話にならない、と言ってました。

出口　確かにハーバード人脈というのはすごいですからね。そこは東大が適わないところでしょう。

陰山　ノーベル賞受賞者を人口比で調べてみると、アメリカは日本の10倍なんです。これはトップの層が厚いということです。日本は、中間の層が厚くて、すごい人もいない代わりにひどい人も少ない。アメリカは、ひどい人も多い代わりにすごい人の層も厚いので、トップ同士で比較すると、日本はかなわない。

出口　その原因として、高校までの学力観に違いがあるような気がします。日本の場合は、自分で考えるよりも、答えをひたすら詰め込んでしまう。確かに優秀なんだけれど、優秀さの質が違う。アメリカ人の場合、自分の頭で考えて、研究して、発見していくことに価値を見出している。

陰山　21世紀だけに限ると、ノーベル賞受賞者は1位がアメリカで2位が日本なんです。そういうところからすると、日本の教育というのも言われているほど悪くもない。やはり現実に一番違うのはお金ですよ。基礎研究に掛ける費用が全然違う。それから、初等教育から大学まで、教育費に占める公的支出がOECDの中で最低なのです。だから、世界最低の教育費でノーベル賞受賞者数が世界で第2位というのは、けっこう奮闘しているのかなと思います。

僕らの立場からすると、日本の教育機関に頑張ってほしいのですが、危機感を持ってもらうためには優秀な人が海外に出ることが一番効果的だと思います。「こんなにみんな海外に出ていっちゃっていいの」という。

恐らくこれは単に政府を批判すれば済む話ではなくて、日本人全体で、本当に日本の若者たちが世界で一定のポジションを得られるようになるまでにもっていかなければいけないという、そういう意思が必要じゃないかなという気が僕はするんですね。

学問で身を立てたいのだったら、東大と医学部を狙え

出口 海外に出るということに関しては賛成なのですが、ただ、現状では海外に出て短期間でも留学しようと思ったらお金が要りますよね。

陰山 そうなんですよ。

出口　そうすると、お金のある子は留学できるけれどもお金のない子はできないという不平等感が起こってきますよね。

陰山　そうですね。

出口　僕は、日本は決して自由競争ではないと思うのです。なぜかというと、自由競争であるためには条件が同じでないと競争にはならないですよね。それなのに、生まれた時から子どもは不平等な条件の中で、「さあ、自由に競争しろ」と言われても、圧倒的に有利な人と不利な人が出てきてしまう。その上で自己責任と言われても、僕はそれはちょっと違うと思うんですよね。本当に国自体の教育方針がうまく機能していないと感じます。

陰山　それは本当にそう思います。

出口　だから、もし「海外を見てこい」ということであれば、僕はすべての子どもたちに例えば夏休みの一定期間、世界のどこかに国のお金で行って、そして英語をしゃべるとかいうことではなくて世界を見て、広い視野を持って日本に帰ってきてほしいという気がするんですよね。

陰山　あまり知られていないことですが、実は東京大学では、親の年収が四〇〇万円以下だったら授業料は四年間払わなくていいということになっているのです。ものすごく重要な情報なのにあまりアナウンスされてませんよね。それから医学部も奨学金がよく出ます。本当に学問で身を立てたいのだったら、東大と医学部を狙えと僕は言っているのです。

出口　それは奨学生みたいなものですか。

陰山　そう、奨学生制度ですよね。いま現実的にあるさまざまな、本当に子どもたちや保護者に対して与えられるべき有用な情報というのが、実は届けられていないと感じます。

出口　ただ、問題なのは、実際のいろいろなアンケートを見ると、もちろんお金がなくても優秀であればただで東大に行けるかもしれないけれど、お金がないと東大に入ることができないというデータがありますよね。

陰山　それは半分正しくて、半分は違う。というのは、調べてみると、東大生の五〇%強が家庭の年収七四〇万円以上なのです。ところが、さっき言った年収四〇〇万円以下とか四五〇万円以下というのは大体一七〜一八％です。

出口　実際にいるのですね。

陰山　いるんですよ。それは東京大学は入学してきた段階で生活アンケートを取るので、かなり正確なデータがホームページにあるのです。

東大が求めているのは基礎ができている地方の若者

陰山　東京大学はいま地方説明会をやっているのですが、それもあまり知られていない。東京大学は実は全入学者の七割近くが東京を含めた関東の出身者で占められているのです。日本が東京を中心にして回っているから、いわゆる全国区の大学というふうに錯覚されているけれど、内実は関東ローカルの大学なのです。

何が言いたいかというと、東大はそこを変えたいと考えているのです。要は、地方の学生が欲しいのです。地方の学生を募集するために地方説明会をやっているということと、年収四〇〇万円以下は無料ということを組み合わせると、東大はいったいどういう学生を望んでいるかということが見えてきますよね。

つまり、地方の聞いたこともないような公立高校の受験生をハンティングしようとしているのです。地方にいる地頭の強いやつを東大は求めているということです。

もう一つ、文科省の調査では、親の年収が高いほど子どもの成績がよいと言われているのですが、おかしいなと思って調べてみたら、あれも都市の話なのです。つまり、サンプリングは都市しかしていないのです。

都道府県別の県民所得の順位と、全国学力テストの順位を比べてみたんですよ。まったく関係がなかった。学力テストの順位で上位に位置する秋田、福井、石川は県民所得が高いかというと、絶対にそんなことはないじゃないですか。

出口

その話はおもしろいですね。都会の場合、年収が高いほうが東大とか有名大学に入りやすいというのは、恐らく子どもの時から塾に行かせたり、家庭教師をやとったりとか、そうやってお金を掛けているから成績がよくなるのでしょう。それに対して地方では、そんなに優秀な予備校や塾はないのだから、逆に地頭のいい子どもがいるのでしょうね。

その一方で、我々が議論したいのは今の話ではなくて二〇二〇年以降、今後どうなっていくかということを考えた時に、一つはスーパーグローバルハイスクールとか、地方の優秀な子どもたちを集めようというのが文科省の方針ですよね。

陰山 そうです。

出口 なおかつ、高・大接続の中で入試のあり方が変わっていくと。今までのような詰め込み的なものはなくすという。それが本当に形になってくると、もしかすると2020年頃には東大に行く学生の流れががらっと変わって……。

陰山 変わると思います。

出口 都会ではなくて、地方で地頭がよかったり、つめ込みやテクニックでなく、きちんとした教育・訓練を受けた子どものほうが圧倒的な多数を占めるという状況が、今の話を聞いているとすごく可能性が高い気がしますね。

陰山　そうなのです。おっしゃるようになぜ地方がよいかというと、基礎教育なのです。要するに、読んだり書いたり計算したりという基礎です。高度な微分・積分を求めるのではなく、基本的なことがきちんとできる子どもたちのほうが可能性を持っていると、恐らく東大も思っているのでしょう。

文科省が指導要領以外のことをやってもいいと認めた

陰山　ここに来てまた新しい動きが起きています。文科省が指導要領の逸脱というか、勝手な教育をやってよいと認めたのです。小中一貫校で中学校の学習内容を小学校に下ろすことをやりはじめました。中高一貫校と同じで、中学3年生を高校入試対策に振り向けることができるわけです。ここには、公立高校の復権を文科省が後押しするという意図が見えてきます。

出口　義務教育で指導要領以外のことをやってもいいと言いだしたのですか。

陰山　言いだしたのです。義務教育学校である小中一貫校で中学校の教育課程を小学校に持っていくのを認めたのです。これにはいくつか縛りがあって、連携校で小中一貫校としているところはダメなのです。というのは、小学校に中学の先生を行かせないといけないじゃないですか。一つの校舎内に小中学校が入っている学校では認めるということになったのです。

でも、今から心配なのは、これで校区をなしにすると、私学と同じように小学校入試というのが出てきますからね。そこはどうするんだろうと思ってます。

僕はそれで、「本気かよ」と思ってそんなことをツィッターでつぶやいたのです。そうしたら、もう既に小中一貫校というのは入試をやっていますので、そこに通っている親御さんから「何を言っているんですか。もうやっていますよ」とリツイートされました。小学校四年生の段階で五年生の漢字学習は全部終わっていますと。ただ、本当に下ろしただけなので、子どもが覚えられなくて親は困っているんですけどという愚痴が出たのですが、実際にやっているんだと思って。

僕も、前倒し学習ということで五年生の内容を年度初めに教えてしまいましょうということをやっていますが、指導要領に拘束されますから、学年を超えて前倒しとまでは言っていないわけです。でも、そこのところを文科省が破っていいと言って、文科省の監督下にあるパイロット校で既にやっているのですね。

そこで、今日ここに来る前にインターネットを見ていたら、文科省が小中一貫校でものすごく成果が出ているということを報告して、ホームページにアップしているのです。すさまじくよい結果が出ていると。どうするのかなと。

出口 それをやると、ものすごい過当競争になりますよね。

陰山 そうなんですよ。

出口 競争をどんどん煽っていって、小学生のうちから競争を強いられる形になってきますね。

陰山 そうです。何が困るって、私学の小学校からしたら、たまったものではないです。

出口　義務教育の段階でわざわざお金を出して私立に入れる理由はなくなりますね。あとは教員の質なのかな。

陰山　そうなんですよ。教員の質も、自治体が二〇校くらい持っていて、その真ん中の一校を小中一貫校にしてしまえば、二〇校の中に一校でもあればそこに入れればよいわけだから、私学はもたないです。

本気を見せている文科省の教育改革

出口　今、幼児とか小学生の保護者は意識を変えていかなければだめですね。

陰山　そうですよね。まさしく、そこが一番重要になってくる。初等教育とか幼児教育のところをきちんと固めなければいけないよねというふうに、文科省もドライブをかけているし、それこそがアクティブラーニングあるいは大学改革というところにつながってくる。これは壮大な改革路線なんですね。

出口　そうですよね。これは全部、大学にまでつながっていますから、どこか一つでも破たんしてしまうと全部だめになってしまいますね。

陰山　だから相当に今回の改革というのは、戦略的ですね。

出口　僕もそう思います。

陰山　今までの改革というのは、「問題がありました。こう直します」「ここでこんなに火を吹いちゃいました。では消火します」という対症療法だったのですが、まさしく未来から逆算していって、もう根底のところから変えようとしているなというのが伝わってきて、文科省もついに本気になったなというイメージですね。

出口　そこは同じ意見です。たぶんゆとり教育の時からずっとそっちの方向を模索していたと思うのだけど、逆風が吹いていて、たぶん文科省の人たちとしては悔しい思いをしたと思うんですよね。

陰山　そうそう。

出口　逆に今度は、世の中というか実社会が後押しをしている。「やれ、やれ」という形になっているので、もうここぞとばかりやっている気がします。

陰山　そうですね。

出口　もう一つ、世の中の流れとして、制度上の問題というよりも根本的な問題として、例えばかつての日本は欧米を模倣していればよかったけれど、もうそういう時代ではない。実際に、記憶しなくても検索すればおしまい、計算はコンピュータがやって、漢字はワープロで自動変換するという時代の中で、もっと違う学力を世の中が要求していると感じます。

　そういう流れ自体は変えられないうえに、なおかつ少子化で子どもがいない。そういういろいろな事情が相まって、ようやく文科省の改革が可能性を帯びてきたのではないでしょうか。成功するか失敗するかはともかくとして、もうこっちの流れしかないなという気はするんですよね。

陰山　そうですね。一時期、学校選択制が脚光を浴びたのですが、学校選択制をいくらやっても、無駄だと思ってました。なぜかというと、校長先生が替わると学校のキャラクターは丸っきり変わってしまうし、そもそも指導要領で教科書が決まっているわけです。教材が決まると学力はおのずと決まります。教材を超えた学力を子どもたちが身につけるということは基本的にはあり得ないわけだから。

そうすると、それらが共通のままで「個性をつけます」と言ってみても、実質的にはあまり意味がない。だから、もし学校選択制を本気にやるのだったら、義務教育の段階で、指導要領、教育課程というものを各学校や地域が任意にいじってよいことにならないと意味がない。でもそれは、それこそ格差を文部科学省みずからつくってしまうことになるので、できないだろうと思っていたのです。

そういう点では、僕は文科省からのニュースにはぶっ飛んでいるのです。

映像授業に負ける教員は要らない？

出口　昔だったら日教組が強くて、ひたすら平等というか、不公平がないようにという形での教育だったのが、今は*スーパーグローバルハイスクールなどをどんどんつくっていて、文科省は完全に学力格差を認めていますよね。

陰山　そうなのです。

出口　できる子はどんどん伸ばしていって、世界に通用するリーダーをつくっていきたいという。

陰山　そうですよね。でもそこまではわかっているのですが、あくまでそれは任意の、要するに義務教育でないところ、高等教育の上のところだったのが、義務教育にまで手を突っ込んだというのがある種、これは下手をすると文科省の自己否定になるかもしれない。文科省はよくも悪くも調整役でしたから。

出口　そうですよね。

陰山　実は文部科学省というところは地方の出張所を持たないのです。例えば厚生労働省の地方局とか財務省も出張所があるじゃないですか。文科省は出張所を持っていないのです。後は都道府県の教育委員会に投げていて、実はこれも世の中に誤解があるのですが、文部行政というのは文科省を頂点とする一元ピラミッド行政ではないわけですよ。一番地方自治が進んでいるのが文部行政なのです。

それでもなおかつ全国を指導できていたのは、予算と指導要領だったのです。その指導要領を手放したというのは、文科省からすると現場をコントロールする手段をみずから手放したということになるので、下手をすると自己否定になるかもしれないくらい衝撃なことなんですよね。

出口　大学入試についても民間の検定を活用せよとか、そういうことを言い始めましたからね。

陰山　そうです。学校の中に塾のシステムを入れればよいとか、それこそ奈良に藤原和博さんが行って「スタディサプリを入れるぞ」みたいなことをやりかけて、文科省のほうも「別にいいんじゃないの」みたいな感じで舵を切りましたからね。これから後は、「何でもあり」ですよね。

出口　バウチャー制度で学校を選ぶようなこともできるようになりますか。

陰山　可能性としては、それをやれる土台みたいなものはできてきましたよね。そのところにＩＣＴと英語とか、既存の学校システムの中で指導できないものを指導しなければいけないということになって、そこにもってきて文科省はお金がないという問題があるわけですね。そうなると、そこを推進していくためには地域にゆだねる形になろうとしている。

出口　ただ、それを考えると公立も、それに対応できない学校の教員の格差はどんどん大きくなってきますよね。

陰山　そうですね。もう少し言うと、スタディサプリみたいなＩＣＴの教育効果よりも低い効果しか出せない教職員というのは、その存在が問われるようになるかもしれません。

出口　それも含めて、日本の教育は抜本的に変わるのではないかとずっと思っているのですが、意外と現場の教師に感度の鈍い人が多いんですね。

陰山　そうなのです。

出口　その危機感がないというか、今までと同じようなことをしている。僕も、高校ですが現場教師の経験が若い時にあって、見ていると、これもあくまで一般論としてですが、教師というのは案外勉強しないんですね。というのは、新卒で入ってきて、教員になった途端、一国一城の主であって、誰かに習って勉強するということはほとんどないんですよね。

陰山　すべてではないですが、自主的に勉強する人は少ないです。

出口　例えば授業をするのでも、今は教科書会社がものすごく詳しい資料をくれて、読み切れないくらいあります。そこに書いてあることをしゃべれば、授業が成り立ってしまう。毎年同じ教科書を使って、教科書を変えたがらないのはなぜかというと、一通り教えたら、毎年コピーしたような同じ授業でもやっていけるからです。

そういった中で、一部に本当に「何とかしよう」と考えている優秀な教師もいるけれど、やはり変えたくない、変わりたくないというのが大勢。新しい試みを否定する理由はいくらでも後から付けられるので、どんどん世の中は変わっているのに、一番変わらない保守的なところは教員集団だとすると、文科省が変えようと思っても、現場が混乱するだけではないかという気がするのです。

陰山　でも、そこにはすでに手をつけています。ついこの間まで「不適格教師」という言葉がよく言われたじゃないですか。担任ができないとか、授業ができないとか。でも最近は「不適格教師」という言葉をあまり新聞で見なくなったでしょう。なぜかというと、いなくなっているのです。

今はいろいろな調査をやって教員を評価して、最低ランクの人は現場を外されて研修に回されるのです。研修が終わって現場復帰させる時にもう一度フィルターにかけて、無理だという人は分限免職になるのです。

出口　それは民間より厳しいですね。民間では不当解雇ということになりますから。

陰山　そこのところは世の中の一つのコンセンサスとして、担任ができない先生方は分限免職。大阪あたりでもいろいろと話題になりましたが、教職員評価制度もできましたが、実はひどい評価の先生方というのはいないのです。なぜかというと、もう問題のある教師は分限免職になっているのですから。

スーパーグローバルハイスクール

スーパーグローバルハイスクールとは、国際的に活躍できる人材育成を重点的に行う高校を文部科学省が指定する制度。語学力だけでなく、社会の課題に対する関心や教養、コミュニケーション能力、問題解決能力などを身に付けたグローバル・リーダーの育成を目指している。スーパーグローバルハイスクールの指定は2014年度から実施され、指定期間は5年間、1校あたり上限1600万円の支援が受けられる。指定校は研究開発校となり、現行教育課程に依らない独自の課程を編成・実施できる。

大学入試が変わると、すべてが変わる

陰山　僕はこれからは、やはり首長を中心とした地域の教育システムというのがものすごく大きくなってくると思っています。どのような教育をやるかということが市や町の選挙の公約になるでしょうね。特に義務教育は市町村立ですから、例えば横浜市立小中一貫校をつくってこんな教育をしていますと。そこに横浜の公立のちょっとよい高校を用意しておけば、そこがホットになりますから。そうしたら、開成・麻布に行くよりもこっちのほうが安く済むよねと。

そういうことで、恐らくこの流れからすると、中学入試の流れが完全になくなるとかいうことは思いませんが、同時進行的に公立分野での高校入試というのは相当に過熱してくると思います。それは同時進行なのです。お金のない人は高校入試に命を懸けるし、お金のある人は中学入試に命を懸けるということで、それが混在しつつ、大学入試のところはアクティブラーニング入試ですか

ら、教育改革は、「なかなか進まない」ではなくて、びっくりするくらい一気に進むと思っているのです。

出口　そうすると、それに乗り遅れた学校や先生は大変なことになるということですね。

陰山　そうです。保護者もそうだし、塾もそうだし、高校もそうだし、大学もそうです。

出口　大学入試で言えば、ほんの一部の学校はともかくとして、たいていは新テストを採用して、個別の学力試験はほとんどなくなると思うんですよね。

陰山　おっしゃるように、恐らく海外の大学にように試験のタイプが、いわゆる就活の面接と自主申告書みたいな、ああいうふうなものに変わってくるでしょうね。

出口　そうですね。あとは集団討論とか小論文とか、あるいは学校での活動内容と新テストとトータルでということになると思います。

陰山　そうです。アメリカ型に近づくでしょう。日本は今までそういうふうなことをやろうと思ってもできなかった。なぜかというと、受験生があまりにも多くて、大学の数も多くて、それをエイヤで裁こうとするとセンター入試みたいなものが一番合理的だったのです。僕は正直に言うと、センター入試は意外と悪くない制度だと思っているのです。

出口　問題自体がよいですよね。

陰山　ええ、問題自体がよいし、それからそれぞれの結果に応じてちゃんと行き先が担保されているので、変に横道にそれることもないですよね。ただ、それでは確かに質という点では、今後変わろうとする方向との間ではいろいろな齟齬が起きてきてしまう。

出口　センター試験の問題点というのは、あの時代にはよかったと思うのですが、一つには一発勝負であるということと、全部マークですから運の要素もそこに入ってきますよね。

陰山　そうそう。

出口　運というのはある意味で公平なので、学生を選ぶための試験としては機能したと思うのです。これからは少子化なので、選ぶのではなくて、一定の学力を担保して、あとはそれぞれの大学がどんな学生を求めているのか。学生たちも、どの大学に自分は適応できるのかというところでお互いにお見合いしていくような、そういう形の入試制度になってくると思います。

陰山　そうでしょうね。

出口　そうすると今の予備校、特に模擬試験などはほとんど崩壊していくと思いますね。

陰山　意味がなくなるでしょうね。

出口　偏差値とかも。

マークシート方式から記述式、論文式へ移行する

出口　大学と学生とのお見合いですよね。

陰山　そうです。特に、トップ校ではその要素が強まっていく。以前はＡＯ入試が花盛りで、ゆとり教育から脱ゆとり教育だということになっても、その間、東大・京大というのは学部テスト一本やりでやってきたわけですよね。ところが、そうじゃないよねということになりかけてきた時に、「学力重視だよね」ということを言われながら、逆に東大・京大は推薦入試を入れてきたと。要するに、この時代の流れというものをよく見ておかないと。

出口　そうですよね。

陰山　保護者も問われると思います。例えば、どこの塾に行ってもうちの子は成績が上がらないと思っているご家庭は、申し訳ないけれど明るい未来はなかなか得ずらいと思いますね。

出口　進学校もそうですね。予備校や塾もそうだし、単なる合格実績だけを売り物にして古い教育をやっているところは、どんどんなくなっていきますよね。

陰山　高・大接続というのは、センター入試みたいなものはやめてしまって、最終的にどうなるかはわからないのですが、自分たちで主体的に学んでいくような学習方法をとる学生を大学が選んでいくという形になるということです。これはまだ具体的にはよくわからないです。

出口　今までは一発試験で、合否はある意味でブラックボックスでしたよね。それに対して、大学側が四年間でどういう学習計画をするのか、そのためにはどういう学力の学生を求めているのかということをあらかじめ公開しておいて、それに見合う生徒が自分で応募していくという。その時に最低の学力を担保するために新テストをやるというふうに僕は解釈しています。

今までの一発勝負の試験とは本当に違ってくるので、だから偏差値や大学のランク付けというのもだいぶ変わってくると思うのです。

陰山　さっきまで話していたことと逆のことを言いますが、そうはいっても五〇万人いて七〇〇くらいの大学があって、これを分けていかないといけないわけじゃないですか。それを考えると、やはりペーパーテストの部分は残ってくると思うのです。唯一、これだけは変わるだろうなと思うのは、マークシートから記述式、論文式が増えること。これだけは間違いないです。

そういう点で言うとそれこそ出口先生の独壇場で、「論理ですよね」と。言葉ですよねと。言語を自在に駆使して理解し、表現できる学生が圧倒的に有利になる。

出口　現実に二〇二〇年の新テストでほぼ決まっているのは、今までのようなマークシートのテストとは別に、前倒しで記述だけの試験をやるということです。やがてはマークシートのほうはなくなって記述中心になっていく可能性は高いですよね。

「東大か京大か」ではなく、「東大かハーバードか」という選択が広がる

陰山　これまでのような受験生同士がライバルで競い合うというイメージはなくなります。本当に優秀な子どもの場合は、東大か京大かという選択肢ではなく、ハーバードとかスタンフォードとか世界にある中で自分に合う学校を選んでい

くでしょう。そういう時代になってきます。海外の優秀な子どもが逆に東大・京大に来ることも起こってくるでしょう。特に国際バカロレアというプログラムが本当に文科省が言うように増えていくと、もう世界的な規模でそれぞれの人が自分に合う学校を選択していく時代になってくると思うのですね。

陰山　高校の段階でTOEICとかTOEFLというのを自分で勝手に勉強していって、TOEFLで何点を取っていたら東大ですよみたいなことに変わってくる。そうなったら、TOEFLで東大に入れるくらいの英語力を持っていたら、そもそも東大に行きますかと。ハーバードのほうがいいんじゃないのということになる。

だから、今回のカリキュラム改革のもう一つのテーマは、国境の壁を取っ払うということなのです。

出口　そうですね。

陰山　僕が注目しているのは、本当に東大は九月入学に本格的に踏み切るのかということ。九月入学に踏み切ると、日本全国の大学がある程度「右にならえ」しないといけないので、これによって日本全国の小学校の四月入学まで変わるかもしれない。

出口 国際標準になるわけですね。

陰山 ええ。そうすると、桜並木の下の入学式という文化すら、どこかで変わってくるかもしれない。でも僕は最終的にはそこまではそう簡単には行かないと思うんですよ。でも、それが問われる時代は来ると思います。そのくらい、さっき言った「何でもあり」というのはそういうことです。

出口 本当に国際化の流れがこのまま進んでいくと、そうせざるを得なくなるかもしれませんよね。

陰山 そうです。これも意外と知られていないのですが、十数年くらい前にはハーバード大学に日本人が年間四〇数人くらいいたらしいですね。それが十年くらい前からすごく減ってきた。ところが、ハーバード大学は日本の学生をとりたいそうです。

なぜかというと単純な話で、アメリカの同盟国である日本の若者がハーバードにいないというのは後々よろしくないと考えているのですね。日本人が減った分、中国人とインド人と韓国人が増えているそうです。ハーバードは日本人の若者来てほしいということで、入学に際して日本人には条件をゆるくしているとのことです。

出口　日本人枠があるということですか。

陰山　これが日本の大学も九月入学になれば、東大に行くか、それともハーバードに行くかという選択ができやすくなる。高校を卒業してから半年間はギャップイヤーで、少し勉強しつつ、東大かハーバードのどちらかを狙えるポジションにいる優秀な学生が出てきた時に、どちらを取るのかということです。

九月入学にすると、中国人や韓国人がどんどん日本に入ってくるということもあるわけで、そうなった時に逆に、東大の先生は日本語で授業をやるわけにはいかなくなるじゃないですか。そうなってくると、ありとあらゆるものが流動化してくるので、そこまで踏み切るのかなと思って僕は注目しているのです。

ただ、何度も言いますが、一部の学校とはいえ、義務教育の中でそういう違いがあることを文科省が認めました。だから、もう流れは止められなくなる可能性がありますよね。

出口　そうですよね。そうなってくると、歯止めはきかないですね。

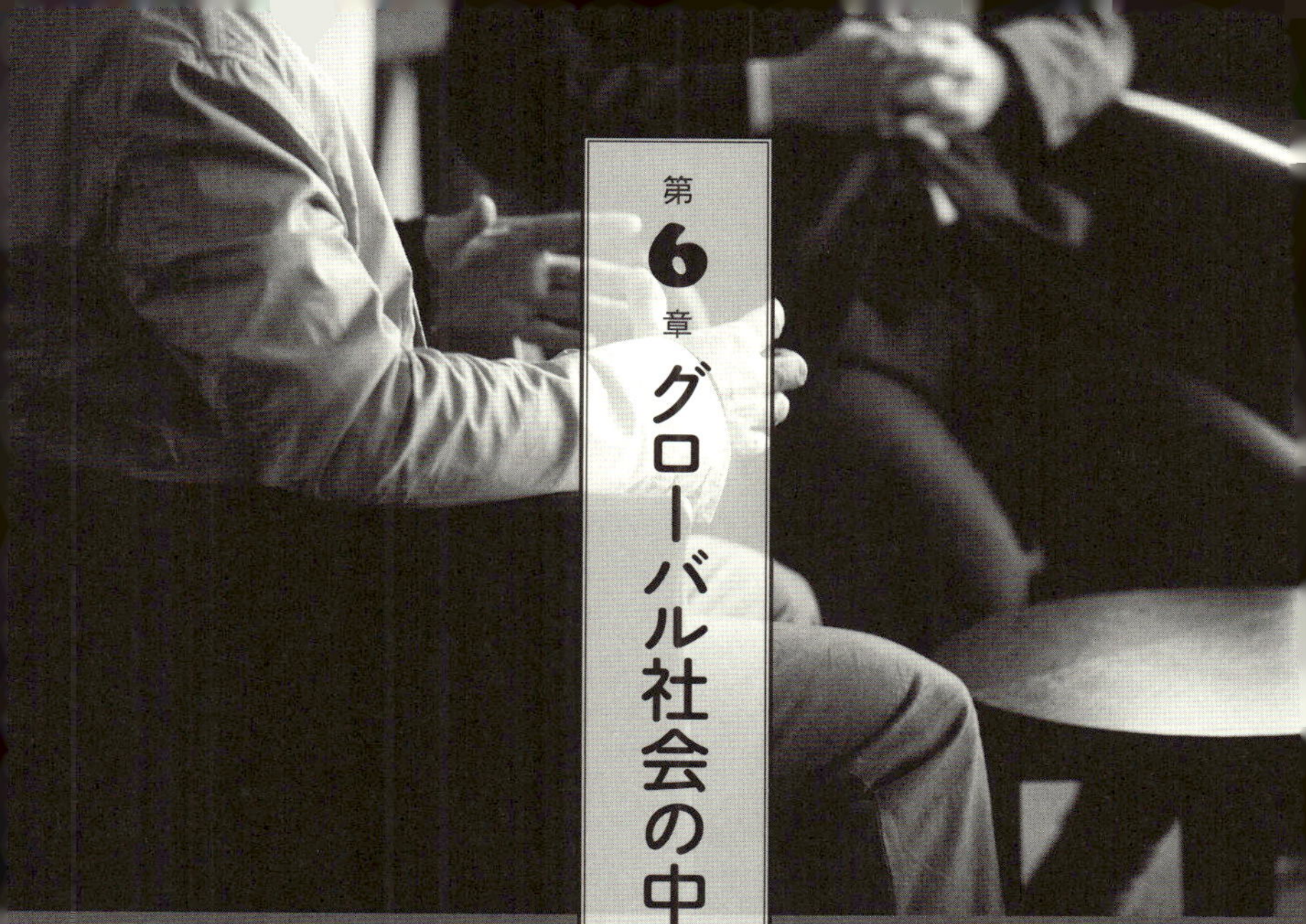

第6章 グローバル社会の中で親や教師はどうあるべきか

豊かだけど混乱している社会か、貧しいけれども安定している社会か

出口 僕は社会自体が、本当にこれからは極端な格差社会になっていくのではないかなという気がするんですね。

陰山 そうですね。

出口 文科省もそれを認め始めているわけだし。簡単に言うと、コンピュータでもできる仕事しかできない人は全部、下流になってしまうと思うんですよね。コンピュータができない仕事をできる人がリーダーになっていくだろうと。もう一つは肉体労働ですね。恐らくこれからアジアの人が大量に入ってくる。そうなると当然、賃金は抑えられていくと思うので、そう考えると本当に極端な格差社会が来るのではないかという気がします。

そう考えると、幼児、小学校の時からコンピュータが使える学力ではなくて、コンピュータを使いこなす学力を考えていかないと将来は大変になるのではな

いかという気がしますよね。

陰山　要するに機械を使う人間と機械に使われる人間に分かれるのですね。

出口　そういうことですね。

陰山　よく講演でこんな質問をするのですよ。「豊かだけど大混乱している社会と、貧しいけれども安定している社会と、どちらを望みますか」と。十年くらい前までは、「貧乏でも安定しているほうがいい」という人が多かった。最近は、「混乱していても豊かなほうがいい」と言う人が増えてきた。特に女性に多い。

出口　時代そのものが、本当に幕末のような状況になっていますからね。

陰山　そうですね。日本人の強みというのは、みんなが力を合わせるところにある。この国というのは水が豊富で、疫病なども入りにくいし、災害はものすごく多いのですが、そこは逆にお互いに助け合うという風土があってよかったのです。要は貧乏に強い国だったのです。他国から攻められることがないから。外国の人に同じ質問をすると、安定した貧乏なんてあり得ないわけです。

出口　ずっと貧乏ということですからね。

陰山　そう。貧乏イコール滅亡だから。日本の場合は外国から攻められることがないので、貧乏でも耐えるという方法があるわけ。諸外国には耐えるという選択肢はない。他の国が地続きだから。だから、この日本の独特の風土というのは地政学上形成されたと思うのですが、これだけ情報が行き来し、飛行機が飛んで人間が交流し、エネルギー問題はどうなるかわからないけれど今後も海を越えるということがそれほど困難ではないとすれば、これまでとはちょっと違ってきますよね。海は簡単に越えられるわけだから。少なくとも情報は瞬時に越えて来る。

そういう点では、歴史上、日本というのは本当にあり得なかった方向に展開していく可能性は残しているのです。どうなるかは、僕にはわからないです。本当にいま言ったような混乱したアグレッシブな社会に、いわゆるグローバル化していくのか。それとも踏みとどまって、苦しくとも日本らしさを守るのかというのは、ちょうどこの両極端の中間地点になるとは思うのですが、どの辺に落ち着くかというのはわからないですね。

出口　僕は、北朝鮮が攻めてきたらどうのということはあまり心配していないのです。なぜかというと、北朝鮮と日本の間には領土問題がないからです。日本の現状は一応平和憲法を持っているから、こちらから攻めない限り、向こうが一方的に攻めてくるというのはまずないと思うのです。

陰山　ないですね。意味がない。

出口　日本を攻めて得することはまったくないですからね。北朝鮮が核を持ちたいと言っているのは、アメリカに攻められて金王朝が崩壊するのが怖いので必死になって守っているのであって、理由もなく戦争しないと言っている国に突然攻めてくるというのは現実的ではないと思うんですよね。なおかつ、日本の自衛隊というのは軍隊としては世界有数のものすごい力を持っているわけだから、そういう国に何の理由もなく攻めることはしないだろう。こちらから戦争を仕掛ければ別ですが、それをしない限り、向こうから攻められる可能性はほとんどない。

大陸では決してそうではないわけですから、そういう恵まれた状況がある分、我々は世界に誇る優秀な教育をやっていくと、いろいろな可能性が出てくると思うんですね。

グローバル化の中での日本の立ち位置

陰山 日本のグローバル化というものが本当にどこまで進むかはわからないです。日本という国は有史以来、日本民族だけでやってきているわけですが、その前にさかのぼるとほとんど混血でできているでしょう。大陸から来たり、南方から来たりして混血しているわけじゃないですか。だから縄文と弥生のところを見ても結局、弥生人というのは中国から来て、元々いた縄文人を蹴散らしていったということもはっきりしてきたし、絶対にグローバリズムの中で日本が感化されることがないとは言い切れない。

でも、そこから約二千年近く、自分たち独自のやり方で来ているということも事実なので、これからはどっちになるんだろうなというところですよね。

出口　僕は、両方ではないかと思いますね。情報社会では世界中の情報が一瞬にして入ってくるわけで、世界のどこかの話が今の自分の生活に影響を与えるようになるでしょう。なおかつ二千年間、日本人は島国の中で独自の文化をつくってきたわけですから、日本独自の文化も保たれる。

陰山　それはこの社会の問題であり、国の問題であり、個人の問題でもあるわけですよね。要するに、貧しくても安定したような生き方を目指すのか、アグレッシブに海外相手に一攫千金を狙うのかというような。それによって身につける学力だったり学習方法なども変わってくるわけじゃないですか。そこのところはかなり一人ひとりが問われる時代になってきて、実に多くの選択ができる分、判断が難しい。

出口　ただ、貧しくて安定している社会を選ぶというのは、たぶんこれからはないと思うのです。なぜかというと、江戸時代にはみんな貧しかった。貧しくて、みんなで力を合わせてやってきた。戦争中も、みんなで心を一つにして戦うんだということで我慢してきた。でも、今はそういう時代ではないですからね。隣にお金持ちがいて、モノがあふれ返っていて。そういう中で貧しいというのは、苦しいと思うんですよ。

陰山 その点では天皇制というのが重要な役割を果たしてきました。日本の王様って質素な生活をされているじゃないですか。歴史を調べて見ると、昔から贅沢な暮らしをしていないんですね、天皇家は。武士たちも結局、殿様くらいになるとどうかわからないけれど、ほとんどそんなに贅沢はしていないですよね。

出口 していないですよね。

まず親が変わらなければだめ

出口 これからは、豊かというより、格差が激しい社会になるでしょう。でも、それが一番つらいと思います。だってモノがあふれているのに、自分はそれを手に入れることができないという格差社会ですからね。

陰山　そうですね。パナマのタックスヘイブンが議論されていて、なおかつ諸外国がそのことについて調査すると言っているのに、日本とロシアと中国だけは「調べない」と言っている。どういう国なんだと思いますよね。

出口　そういう時代に小学生の子どもを持つ親が子どもを守るためには、まず親が変わらなければだめなのです。というのは、幼児や小学生は自分で教育を選ぶことはできないのですから。ある程度、自分で教育を選択できるというのは中学校の高学年になってからですよ。

陰山　そうです。僕もよく言うのですが、自分の進路を子どもに考えて選ばせますというのはだめなのです。小学生に「将来、大人になったら何をやりたい？」と聞くと、よく「お菓子屋さんになりたい」と言いますよね。でも、お菓子屋さんとひと口に言っても、町のパン屋さんもあるし、お菓子屋さんもあるし、パティシエという職業もある、明治製菓に勤めるという方法もある。

つまり、昔だったらみんなが自分の周りにある普通のお菓子屋さんをイメージしていたけれど、今はお菓子屋さんといってもまさしく違いがあるのです。そうした中で、どのようなお菓子屋さんとして自分は身を立てていくのか。パティシエになる道筋と、町のパン屋さんになるのとでは全然違うわけじゃないですか。そこのところを大人、親が教えてあげないと、子どもたちには選べないですよ。

例えばついこの間までは医者不足と言われていましたが、今は医者が余ってきている。そういうふうに、環境というのは本当にコロコロ変わるわけですよ。弁護士はいいよと言っていたら、弁護士も余ってきている。公認会計士がいいよねと言っていたら、コンピュータが全部やってくれる時代が来るかもしれない。だから、よいと思っていたものが三十年後もよいということは絶対にないんです。

僕は、教師などはコンピュータに置き換えられる最たる職業だと思いますよ。タブレットに全部入れておいて、「この問題ができなければ、ここまで戻りなさい」と。将棋や囲碁の世界でも人間がコンピュータに勝てない時代なのだから、学校の先生のやっていることなんて、基本的なことを教えるだけだったらコンピュータのほうがはるかに楽ですよ。子どもたちも気遣いしなくていいし。

出口 そうですね。

陰山 でも、学校という場所があって、先生がいて友達がいてというパッケージは変わらないでしょう。その時に教師は何をするのかというところは、もう一度、問われてきますよね。

出口 本当に優秀な先生の映像授業と、あまり優秀でない先生の生の授業と、どちらが学習効果があるかといったら、恐らく前者だと思うんですよね。

陰山 そうです。

出口 どんどんそうなっていく可能性がある。そういう中で、本当に教師の立ち位置はどうなのかとか、自分が教員としてどういう意味があってその場にいるのかとか、本当に考えなければだめな時代になってきますよね。

陰山 教師もそうだし、親もそうだし、すべての人たちが変わっていく社会の中でどういう自分のポジションなり未来を描くのかというのは、まさしくアクティブにラーニングしていかないとわからないですよね。そこのところがＩＣＴ化とグローバル化ということによって、社会の基本的な構造がもう変わってきてしまっているわけだから。

出口　そうですね。

陰山　変化がどんどん起きてくる時代に、親も先生も変わっていかないといけないし、誰もがそうですよ。僕も昨日、書店を回っていて、「俺のドリルって五年後にはあるのかな」みたいなことも考えました。時代の流れの中で、アクティブラーニングに対応するものになっているのかみたいなことを考えると、結論から言うと大丈夫だと思ったのですが、絶えず修正は加えていかないといけないと思っています。より変化に敏感でなければいかんだろうなとは思います。

社会が変わっていく中で、必ず身につけるべき大事なこと

出口　まさに二〇二〇年に受験を迎える今の中学生以下の子どもたち、特に幼児や小学生については、いかに親が子どもにきちんとしたよい教育、もっと言うと新しい教育をきちんと選択してあげられるかどうかというのがすごく大事になってくると思うのですが、これからの教育ということを考えた時に、僕は逆に陰山先生がやられているように、まずは幼児・小学校低学年というのは生活習慣も含めてしつけが大事だろうという気がするのです。そこは変わらないと思うのです。

しつけと教育というのは違うもので、しつけというのはある程度きちんと親が強制しないといけない部分があると思うのです。あるいは、基礎学力。これも自主性というより、どこかできちんと責任を持って大人が子どもたちに身につけさせないと伸びてこないという気がするのです。

陰山　生活面も学習面もひっくるめて、やっぱり基礎・基本が大切。そこに尽きるでしょう。日本の二千年の歴史の中で最も大きく変化が求められた時代というのは、やっぱり明治だと思うんですね。そこのところで日本はかなりうまく転換していった。では、あの変化の時代に日本が何をもってそれを成し遂げたかというと、寺子屋の読み書き計算なんですよね。改めて明治前後の教育や文化の変化を考えると、やっぱりすごいですよね。

もう一つの文化がすごく変わっていった時代というのは、戦国時代です。僕も琵琶湖の北にある鉄砲の生産地を訪ねてそこの歴史家に話を聞いてびっくりしたのですが、火縄銃の弾というのは完全な真球でないとだめだそうです。本当にコンマ何ミリでもずれたら暴発するそうです。

鉄のパイプと弾の間に隙間ができるじゃないですか。それが詰まっていると暴発するし、隙間が広すぎると弾が飛ばない。正しい間隔は〇・二ミリだそうです。〇・二ミリを完璧につくることができる国は当時は日本しかなかったのです。だから、あの時には東南アジアや中国にも鉄砲の文化は伝わっていたのですが、大量生産はできていないのです。

そうしたことを考えた時に僕は、日本の基礎教育とか指先の巧緻性みたいなものは恐らく絶対に世界的な優位を保ち続けるだろうと考えています。例えばスマホが出てきて、携帯電話はガラパゴスとか言われていますが、あの小さいものの中にあれだけ超高精密なコンピュータを組み込むなんてなんという国だと。あれが諸外国で受けなかったのはなぜかというと、あんな高機能なものは使えないということなのです。

そういうことを考えた時に、この国はグローバル化の中でも日本イズムみたいなものはなくならないだろうと思っています。だから、恐らくグローバル化の中でものすごく揺さぶられて、安い東南アジアの労働力に侵食されつつも、でも大元である日本というものはやはり揺らがないだろうなという信頼感を持っているのです。だから、そういう点で言うと、実は、変わらないことが変わっていくことの土台になると、そんなふうに僕は思うのです。

出口

社会が変わっていく中でも、大事なことはきちんとした生活習慣を身につけること。あとは読み書きそろばんですね。読み書きそろばんというのは、僕の言い方をすると要するに「言語」なのです。読むのは日本語の文章で、日本語で考えて日本語の文章を書く。そろばんは計算ですが、計算というのは計算することが目的というふうに思わるかもしれませんが、そうではなくて僕は言語と捉えています。言語には自然言語と人工言語があって、人工言語は数式、記号、専門用語、コンピュータ言語ですよね。我々はこの二つの言語で世界を捉えている。

特にこれから先はコンピュータの時代なので、人工言語の処理能力がすごく大事になってくるんですよね。基本的な言語を使いこなせなくて、それで物を考えるというのはあり得ないわけなので、徹底して言語を使いこなせるようにならないといけないわけです。

ただ、僕がそこで考えているのは、言語の習得そのものが学問の目的ではないということです。あくまで言葉を習得して、その言葉で次に何をやっていくのかという、次へのつながりということを考えていかないと、ただ計算するだけが目的になってしまうと勘違いになってしまうと思うんですよね。

陰山　おっしゃるとおりだと思いますよ。自分の獲得した能力をどの方向に役立てていくのかということじゃないですか。そこが今までとちょっと違って、世界に出ないといけないんじゃないかなと。

出口　歴史を見ると海外からいろいろな人が来たりもして、場合によっては日本人より外国人のほうが多いような町がどんどん増えていく可能性もありますよね。そういう意味ではグローバル化というのは、世界的な傾向としてもう避けられないかなという気がしますよね。

陰山　そういう人たちを飲み込んで、「やっぱり日本だ」というものを持ち続けるということがすごくよいと思っているのです。例えばアメリカ人が来ます、ブラジル人が来ます、でもやっぱり日本の教育の中で勉強してもらって、日本のいわゆるシステムというものを学んでもらうということが、その人たちにとってもプラスになる。

資源もない中で一億の人間を養っていて、何やかや言いつつもＧＤＰでは世界第三位の力を持っているわけじゃないですか。そこのところを考えた時に、なぜこの国はこれだけいろいろ言われる中で、なおかつ優位性というものを失っていないのかということを考えた時に、やっぱり読み書き計算だろうというふうに思うんです。

第7章 国語教育を考える

子どもたちに論理的な思考を身につける場がない

出口　僕は国語という科目を、今までのようなセンスとかフィーリングとかいう文学鑑賞ではなくて、本当に論理的な思考力を鍛えるための教科と捉えています。まずは言葉を習得して、その次には論理的な言葉の使い方を習得していかないと学問はできないと思っているのです。

陰山　そのとおりです。

出口　でも、今の子どもたちを見ていると、アニメ、マンガ、動画、ゲーム……。それがよい悪いということではなくて、どこで抽象的な思考訓練をやっているのかとか言語訓練ができているのかというと、そのための場がほとんどないのではないかという気がするのです。

陰山　そうですね。

出口　しかもさらに国語教育が教師の恣意的な教え方になってしまっている。ただ、よい文章が並んでいて、教師がそれぞれ違う価値観で話をしているから、小・中・高と学んでも連続性がまったくない。そうなると、今の子どもたちはどこで論理的な思考を身につければいいのかなという怖さがあるのです。

陰山　おっしゃるとおりで、そういう点で一番これから変わっていく教科は国語ですよ。僕はこの間、進路指導の人に聞いたのですが、今の大学入試には小説の問題が出ないそうですね。

出口　センター試験では必ず出るはずです。

陰山　出るのですか。

出口　共通一次からずっと四題で、一題は評論問題、一題は小説、一題は古文、一題は漢文です。国立大学の問題ではほとんどが評論と小説。場合によっては随筆を出すところもあります。ただ、私立は早稲田あたりでも評論二題で、小説は出さない学校のほうが多いです。

陰山　僕は、小説は出さないところのほうが圧倒的に多いと聞いたのです。なぜかというと、いろいろなふうに解釈できるものは公平・公正の観点から問題があるみたいな話があって、特にセンター入試の時に「ああでもない、こうでもない」ということで後から○にするみたいな話もあったじゃないですか。そういうことがあってから、答えが一つにはっきりするようなものに変わったんだというふうに聞いたのです。

小学校の国語の教科書はかなり変わってきましたね。それによって論理性が高められているかというと、そういうことでもないのですが、一つは、古文が早くなりました。今は俳句が小学校三年生なのです。前は小学校六年生だったのですが。

出口　それは、日本の伝統文化に子どもたちを早くなじませたいということでしょうか。

陰山　そう思います。実はゆとり教育の指導要領下で、中学校の古典教材が小学校六年生に下りていたのです。だから、すべての教科書がゆとり教育で簡単になったと批判されていたのですが、国語の教科書は逆にすごく難しくなったのです。

それはなぜかというと、指導要領では国語の縛りというのはほとんどないに等しいのです。

出口　そうですね。

陰山　だから、元々何でもありなのです。それでけっこういい加減なものがあったのです。これからは日本語をいわゆる言語として捉えるという動きは、急速に強まっていくでしょうね。

文章の「客観的把握」と「鑑賞評価」を一緒にするな

出口　文部科学省が国語の教科書改訂で、今の国語を解体してこういう科目にしたいという案が出ていましたが、その中では言語文化とか「言語」という言葉を使っていますよね。「論理国語」というのもありましたし。

陰山　恐らくそういう傾向はものすごく強まると思いますよ。僕らは言語とか論理ということを捉えて授業の中ではやっていたのですが、ただそれは教科書の中ではあまり推奨されていることではなかったのです。ところが、本当に変な話なのですが、特に国語は教科書どおりだと試験の点数が取れない。

日本の小学校の国語文化というのは、今は大きく変わってきましたが少なくとも十年くらい前までは、言葉に対する印象とか感覚を一番大事にしていたのです。印象や感覚なので、道徳的な感性と非常に相性がよかった。だから、言葉の悪い人に言わせると、「国語は第二道徳だ」みたいな言い方をする人もいたくらいで。

出口　三十年くらい前から僕が言い続けてきたことが、ようやくいま世の中で徐々に広がりつつあるなあという感じがします。小説に関して言うと、これも教える側がよくわかっていなくて、つまり小説というのは人によっていろいろな受け取り方があるというところで留まっている。問題は何かというと、文章を書いてあるまま正確に深く読み取ることと、その後にそれをどう鑑賞するかという二つのことをごちゃ混ぜにしてしまっているんですよね。どう鑑賞するか、どう評価するかというところは人それぞれで、それは同じ作品を読んでも、感動する子もいればつまらないと思う子もいる。ただし、自分がどう思おうが、それを第三者に対して論理的に説明できないとだめなんですね。

今の小説の問題という狭い次元で考えると、実はどう評価するかということは一切、設問では聞いていないのです。客観的に分析して、どう書いてあるか、一つの答えが出るような問題しか本来はつくってはいけないし、大多数はそういう問題になっています。残念ながら一部に悪問があるので、そこだけを見てみんながいろいろ言っていますが。

ですから、小説だけでなく国語の教材というのは、まずは正確に文章を客観的に把握できるかどうかという訓練であって、それはまさに一人ひとりの捉え方が違うようなものではないんですよね。

陰山　そうですね。

出口　一人ひとり違うというのは鑑賞評価のことであって、どうしても文学部出身の先生はそこをごちゃ混ぜにしてしまう。

陰山　きちんとロジックに従って、一つひとつの言葉に分解してその接続を確かめて、そこに何が表現されているかということをまず押さえなければいけないわけじゃないですか。そういうことをせずに、言葉がずらっと並んでいると、言葉の印象だけで受け止める。しかも、そういうふうにするように訓練しちゃうんですよ。そういう訓練をしてしまうものだから、イラストやアニメを見た時に持つ印象と同じことになってしまうのです。

出口　例えば「彼女はかわいらしい声で歌った」という文章があるとします。それで小学生の子どもたちに一番大事な要点は何かと聞くと、「かわいらしい」と言うわけですね。

陰山　そのとおりなんですよ。

出口　「かわいらしい」という言葉が一番頭に残るから。ところがこの文章の要点というのは主語と述語ですから、「彼女は歌った」なのですね。「かわいらしい」というのはあくまで、歌ったことの説明に過ぎないんですよね。それは日本語の規則、文法をきちんと教えて、その文法に従って物を考えるという訓練をしないと、何年経っても「かわいらしい」が一番好きだということになってしまう。そういう教育をずっとやってきたので、教育効果というのはほとんど見られないのですね。

陰山　ないのです。

出口　そこに大きな問題がある。

陰山　小学校では二〜三年生でその辺の文法をやるのですが、「主語と述語というものがあります」という知識の勉強になってしまっている。

出口　それでは意味がないですね。

陰山　意味がないのです。主語と述語というのは、日本語を理解する時の基本スキルであって、絶対的なスキルです。特に日本語の場合には時々主語がない状態で述語だけ出てきたりするので、何のことを言っているのかというところをきちんと理解させることがマストなのですが、そこを欠いてしまうのです。

陰山　子どもたちの読書体験は今ものすごく豊かになっています。最近の子どもたちは本離れが激しいと言われますが、あれは嘘です。だって、本屋さんに行ってみてください。どれだけ子ども向けの本があるか。それは売れているからこそであって、大人向けのほうもそこそこ売れているんですよ。おもしろいのは、実は子どもたちの読書量が増えているのは二〇〇〇年からなのです。

出口　それには何か原因が。

陰山　実は、文科省が図書費を増やしたのです。

出口　読書の時間も増やしていますからね。

陰山　そうです。「読書元年」と位置付けて、図書用の予算を増やした。子どもたちは結局、新しいものが好きなのです。だから、図書館にカビが生えそうな「昭和の本じゃん」みたいな本が並んでいても、絶対に本好きにはならないのです。それが二〇〇〇年から学校図書館を充実させた。
ところが学校の図書費用というのは、一般財源化と言ってそれぞれの自治体に橋をつくるお金とかそういうものと全部の合算で来るのです。だから、「この二〇万円で学校に本を買ってくださいね」と配賦されても、そのうちの三万円が橋に変わってもＯＫなのです。そこは市町村によって感覚が全然違います。首長の理解がすごくあるところでは、その二〇万円に市が一～二万円足して図書を充実させているところもあります。また、図書館司書をつけるような町もあって、そういうところでは読書が進むのです。そういうこともけっこうやっているので、実は小学校段階では日本の子どもたちの読書離れというのは最小限に抑えられていると思います。

出口　それはよいことですね。

陰山　でも、意外と知られていないことですね。だから、本を読まなくなるのは中学生以降なのです。入試などで忙しくて本を読んでいる暇がないというような。

出口　昔は、文学書を一番読むのは中高生でしたね。

陰山　そうそう。特に国公立大学が単独で入試をしていた時には、けっこうひねった難文が出て、こちらのほうもけっこう難しい言葉を理解していないと、入試の問題が理解できなかった。だから必死に高校時代には、我々もわかっていないくせにけっこう難しい本を読んだものです。古典なども読みましたよね。スタンダールとかトルストイとか。今はそれがないのです。

出口　文章に対する我々の価値観も変わってきましたね。昔は難しい文章を書けるのが偉い、それを読みこなすことが頭のよさみたいな評価がされた。

陰山　そうそう。

出口　今は、難しい文章は読みたくない、むしろだめなんだというふうに、よい意味でも悪い意味でも背伸びをしなくなりましたよね。

陰山　だから僕らも本を書く時に、小学校五年生にもわかるような文章で大人向けに書くのです。僕もそういうふうに指導されましたから。子どもに読んでもらって、子どもが「わかる」と言えばＯＫと。

読書量と論理の関係はどうお考えですか。

出口　もちろん、読まないより読んだほうが当然論理力は上がる。ただ、それだけではやっぱりだめなのです。自分の感性が豊かになるかもしれないけれど、見方によっては独りよがりになってしまう。客観的に文章を読んで、分析して論理的に考えてみんなにわかるように伝えるのではなくて、自分なりの主観的な読み、主観的な解釈で、それを主観的に表現するということになりがちですよね。

陰山　そこではきちんとトレーニングをしないといけないし、教えてくれる人も必要ということですね。

出口　そうですね。そこを教師が教えられないのが問題なのです。さっき陰山先生が主語と述語というのを単なる文法的な知識として教えているとおっしゃっていましたが、実際に先生がそのようにしか教えられないのです。例えば一文の要点として主語・述語があるのであって、それに対して必ず飾りの言葉がつくのにも理由があるわけです。なぜかというと主語というのは基本的には全部、名詞なのです。名詞というのは、固有名詞という言葉があるくらいですから、それ以外のものは抽象概念です。「机」と言えばそれは世界中の机の共通するものを表わしているわけで、実際に存在する机ということは一つも表現していないわけです。だから、目の前の机を表現しようと思えば、そこにいろいろな飾りの言葉があって初めて抽象概念を固定化することができる。それが言葉なのです。でも、どれだけ飾りがついた複雑な文でも要点はやはり「机がある」。つまり、主語と述語なのです。だから文法というのは知識ではなくて、きちんと飾りがつくことで初めて抽象概念が固定化されて本当の表現ができるということまで教えなければならない。

陰山　スキルというか能力ですよね。

出口　一つずつ「なぜか」ということを子どもたちに教えていかないと、ただ暗記しても全然意味がないというか、使えない。言葉というのは使えなければ意味がない。でもそれを教えることができる教師もいなければ、教科書会社も全然わかっていないから、どの教科書を見てもそのことが書いていないのですね。

日本語の規則をしっかり覚えないと正確な文章が書けない

陰山　そうですね。日本にいて日本語を使っていたら日本語を習得できるということではないですよね。きちんと学んで、スキルとして定着させる必要がある。そこのところのスキルの組み立て方というのが、日本語の場合にはきちんと指導要領上は位置付けられていない。

今の指導要領は理解と表現と言語事項というふうに分かれているのですが、言語事項のところの比重がものすごく緩いのです。僕が中教審に行った時には、言語事項の比重を高めるべきと言ったのですが、なかなか国語というのは、教師の世界ではいろいろな教え方があってまとまらないのです。

出口　普通に日本語をしゃべっているから、勘違いしちゃうのですね。普段しゃべっているということと、日本語を論理的にきちんと使いこなすということはまた別の技術なのですが。日本語の規則をしっかりやっていかないと、困るのは正確な文章が書けないことなのです。例えば主語と述語がねじれてしまったりとか、言葉のつながりがぐちゃぐちゃになって意味不明になったり、いろいろな意味に取れるような文章になってしまったりする。

英語だったら、中学校三年間と高校まで英文法をずっとやりますよね。それがよいかどうかはわからないけれど、あれは日本語で言えば助動詞の使い方なのです。過去形とか未来形とか受け身とか完了とか。それがきちんとわかっていないから、語尾が全部「だ」で終わって、豊かな言語表現ができないんですよね。

そういうことはたくさん本を読んで、自分の中で何となく身につけている子どももいるけれど、全員が正確な日本語を書けるかどうかといったら、きちんと訓練していないとそれは無理なんです。特にこれから先は、文章を書くのは手書きではない。ほとんどがメールでもブログでも電子情報として書きますよね。どこが違うかというと、手書きの場合には読み手が特定の人ですよね。電子書法になると、誰が読んでいるかわからない。

これはすごく怖いんですよ。まさに公道を歩いているのと同じで、誰に見られているかわからない。そこに不正確な日本語とか論理的でない文章を書くと、みんなから見られてしまう。その怖さというのを、我々はこれからはきちんと持っておかないとだめだと思うんですよね。

陰山　今はきちんと文章を書けなければいけないということになっているのに、教科書もそういう構造になっていないし。「表現しましょう」という教材はありますよ。でも、どう表現するべきかという極めてハウツー的なきちんとしたスキルとしての学習にはなっていない。じゃあ家庭はどうかというと、日本のお母さん方の中には、子ども以上に単語でしかしゃべらない人もいますから。

出口　子どもに単語で話しかけないというのは大事ですよね。あと、子どもがねだったり何かした時には、必ずルールを決める。「この規則に従ったらちゃんとご褒美をあげよう」とか「規則違反だからあなたはだめでしょ」というふうに、規則をきちんと決めてお互いにやりとりをする。そうすると、我儘もなくなっていくし、子どもも納得する。そういうことをやっていったほうが、親も楽になると思うんですね。

あとは子どもに語り掛ける。特に理由を聞く。「どうして」「なぜ」と。理由というのはなかなか出てこないと思います。理由とか因果関係をきちんと考えるという訓練です。そういった訓練をやっておいて、生活習慣も身につけ、その上で基礎学力をつけると、基礎学力というのは僕に言わせると人工言語や自然言語を使いこなす能力ということになるので、それを使って今度は物を考える、新しく発想していく、あるいは表現していくというふうに次の段階になっていく。そこをいかにスムーズに持っていけるかですよね。その中で、考えることとか勉強することのおもしろさを教えてあげる。

陰山　時間がなくて慌ただしいので「早くあれして、これして」となってしまうと、豊かな言語が育つはずがない。ゆっくり時間を取って子どもと話をするということをやってほしいですね。

子どもたちの能力観や学習観についての物差しを持て

出口　学習内容としては、ゆとり教育ではないけれどあれもこれもと教える必要はないんじゃないかと思うんですよね。今は詰め込み過ぎというか。

陰山　そうですね。実は、小学校で教えている内容ってそんなに多くはないんですよ。ところが、先生方が変に教え方に凝るのです。特に小学校は「君はどう思う？　じゃあ、ちょっと話し合ってみようか」とやっちゃっているものだから、説明すれば五分で済むものに五〇分かかるという世界になっているのですよ。
　だから、詰め込もうとして詰め込めていないのです。きちんと詰め込んだら後は好きにしてもらっていいのですが、詰め込もうとして詰め込めていないから問題がある。だから、主語・述語は教えるけれど、完全に教え込んで詰まっていれば使えるはずなのですが、実際には使えないんですよね。

出口　詰め込み過ぎというより、物事の根幹を教えずにただ情報だけを与えているという感じでしょうか。

陰山 そんな感じです。子どもたちがどういう状態になればそれを習得したことになるのかというイメージがないんですよね。「教えました。テストは何点です」という。テストで九〇点取ったら習得したことになるのか。テストの点とは別に、きちんとした言語能力が育っているかどうかということは本当は考えていないといけないのですが、子どもたちの能力観とか学習観についての物差しがないんです。

それがなければ勉強は教えられないのですが、指導書という教科書会社がつくる細かいマニュアルがあるので、それを見ながらやっていけば授業ができあがってしまうので、結局は積み上がらないまま、詰め込まれないまま、いわゆる垂れ流し状態で次に行ってしまう。それはどこかで破たんするのです。

出口 いっそのこと指導書をなくしたほうがよいのかもしれませんね。

陰山 僕はそう思っていますよ。僕自身は見たことがないし。

出口 ただ、それをやると教えられなくなって困ってしまう先生が出てくるでしょうね。

陰山　本当にそうです。自分で学習方法を考えてこそ教師ですから。

おわりに

日本の教育の過去、現在、そして未来について、陰山先生と一切のタブーを無視して、本音で語り尽くしました。とても刺激的な内容で、私自身も大いに啓発されるところがあったのですが、教育関係者に留まらず、教育に関心のあるすべての方々、子どもを持つ保護者にとって、実に有益な対談になったと自負しています。

陰山先生は公教育のど真ん中で、私は受験産業のど真ん中で、それぞれ教育の現状に疑問を抱き、本来の教育のあるべき姿を模索してきました。陰山先生は計算と漢字を重視し、私は論理的思考を重視するといった具合に、一見両極の立場にあるように見えて、実は基礎学力の重要視という点で共通の認識を抱いていたのです。

実際、私は陰山先生と手を取り合って基礎力財団を立ち上げ、陰山先生は国際標準計算力検定、私は国際標準論理文章能力検定と、共に基礎学力の普及に努めてきました。

今や日本の教育は大きな岐路に立たされています。

何も2020年の大学入試改革を持ち出すまでもなく、20世紀型の学力から21世紀型の学力へと、その大転換は世界的な潮流となっています。

細かい知識を記憶せずとも、スマートフォンなどで検索すれば事足りるようになりました。計算はコンピュータの仕事で、漢字の読み書きもワープロが自動変換してしまいます。

従来の知識偏重の詰め込み教育は抜本から見直さなくてはならなくなったのです。

正解は教科書にあり、先生はその正解を子どもたちに教え、子どもたちはそれを疑うことなく呑み込んでいく。こうした教育を受け続けた子どもたちは、その仕事を将来コンピュータやロボットに取って代わられます。

そこで、私は自分で問題を発見し、自分で解決する能力、それを不特定多数に向かって表現する能力の重要性を語り続けました。それがクリティカル・シンキングであり、アクティブラーニングやメディアリテラシーにつながっていくのです。

しかし、それらを有効にするためには、やはり論理的思考をその中核に置かなければなりません。


こうした私の考えは陰山先生の提唱する計算・漢字と矛盾するように思われがちですが、決してそうではないことが本書を読むとご理解いただけると思います。

私が軽視しているのは、調べれば分かるような細かい知識の詰め込みなのです。たとえば算数においても、多くの進学塾は算数の解法パターンを闇雲に暗記させ、時間内に処理させようとします。そうした知識が果たして将来子どもたちが社会に出て役立つのでしょうか？　それどころか、入試が終わったとたんにすべて記憶の彼方に消えてしまうはずです。なぜなら、これからの時代に生きていくのに必要がない知識だからです。

私たちは言葉で考えます。その言葉には日本語、外国語と言った自然言語と、算数や数学の言葉、コンピュータ言語、専門用語と言った人工言語とがあります。私たちはそういった二つの言語でもってものを考え、不特定多数の人たちに表現していかなければなりません。

それらの言語処理能力に加えて、初めてその上に論理的思考が成立しているのです。まさにこれらはコンピュータのOSに当たるものなのです。

子どもたちはしだいに重たいアプリケーションソフトを動かさなければならなくなります。そのためには絶えずOSを強化していかなければ、子どもたちの脳はフリーズしてしまいます。

小学生までの子どもたちにはこうした言語処理能力を徹底して鍛えていかなければなりません。それが徹底した計算・漢字の訓練なのです。漢字は日本語における意味の中核となるものであり、計算はまさに算数の言葉を習得することにつながります。
　こうした基礎学力を元に論理的思考を養成していきます。日本語や算数の言葉を使えなければ、言葉で論理的に考えることなど到底不可能ですから。

出口　汪

陰山英男（かげやま・ひでお）

1958年兵庫県生まれ。岡山大学法学部卒。兵庫県朝来町立（現朝来市立）山口小学校教師時代から、反復学習や規則正しい生活習慣の定着で基礎学力の向上を目指す「陰山メソッド」を確立し、脚光を浴びる。

2003年４月尾道市立土堂小学校校長に全国公募により就任。

百ます計算や漢字練習の反復学習を続け基礎学力の向上に取り組む一方、そろばん指導やICT機器の活用など新旧を問わず積極的に導入する教育法によって子どもたちの学力向上を実現している。

近年は、ネットなどを使った個別の小学生英語など、グローバル人材の育成に向けて提案や実践などに取り組んでいる。

2006年４月から立命館大学教授（立命館小学校副校長兼任）に就任。

現在は、立命館大学教育開発推進機構教授（立命館小学校校長顧問兼任）。

全国各地で学力向上アドバイザーなどにも就任し、学力向上で成果をあげている。

また、北は北海道，南は沖縄まで、全国各地で講演会を実施している。

過去には、文部科学省中央教育審議会教育課程部会委員、内閣官房教育再生会議委員、大阪府教育委員会委員長などを歴任。

著書：「子どもの頭が45分でよくなるお父さんの行動」（PHP研究所）「だから、子ども時代に一番学習しなければいけないのは、幸福です」（小学館）「学力は１年で伸びる！」（朝日新聞出版）「陰山メソッド　たったこれだけプリント」（小学館）「しゃべって覚える小学生の英会話 Talking Timeシリーズ」（学研教育出版）…他多数。

出口 汪（でぐち・ひろし）
関西学院大学大学院文学研究科博士課程単位取得退学。広島女学院大学客員教授、論理文章能力検定評議員。現代文講師として、入試問題を「論理」で読解するスタイルに先鞭をつけ、受験生から絶大なる支持を得る。そして、論理力を養成する画期的なプログラム「論理エンジン」を開発、多くの学校に採用されている。現在は受験界のみならず、大学・一般向けの講演や中学・高校教員の指導など、活動は多肢にわたり、教育界に次々と新機軸を打ち立てている。著書に『出口汪の「最強！」の記憶術』『出口汪の「最強！」の書く技術』『出口のシステム現代文』『子どもの頭がグンと良くなる！国語の力』『出口先生の頭がよくなる漢字』『芥川・太宰に学ぶ心をつかむ文章講座』（以上、水王舎）、『日本語の練習問題』（サンマーク出版）、『出口汪の「日本の名作」が面白いほどわかる』（講談社）、『ビジネスマンのための国語力トレーニング』（日経文庫）、『源氏物語が面白いほどわかる本』（KADOKAWA）、『やりなおし高校国語・教科書で論理力・読解力を鍛える』（筑摩書房）など。
●公式ブログ
「一日生きることは、一日進歩することでありたい」
http://www.deguchi-hiroshi.com/blog/
●オフィシャルサイト
http://deguchi-hiroshi.com/
●ツイッター　@deguchihiroshi

日本の教育の危機はどこにあるか

2016年 9 月10日　第一刷発行

著　者　陰山英男・出口　汪
発行者　出口　汪
発行所　株式会社 水王舎
〒160-0023
東京都新宿区西新宿6-15-1 ラ・トゥール新宿511
電話　03-5909-8920
装丁　福田和雄（FUKUDA DESIGN）
本文印刷　信毎書籍印刷
カバー印刷　歩プロセス
製本　ナショナル製本
編集協力　土田　修
編集統括　瀬戸起彦（水王舎）

ISBN978-4-86470-059-7 C0037

定価（本体 1400 円＋税）ISBN978-4-86470-040-5